非遗·武术校园传承系列教材

非遗·班侯拳

张立斌　孙　刚　张译驰 ◎ 编著

西南交通大学出版社
·成都·

图书在版编目（CIP）数据

非遗·班侯拳 / 张立斌，孙刚，张译驰编著.
成都：西南交通大学出版社，2025.1. -- （非遗·武术校园传承系列教材）. -- ISBN 978-7-5774-0321-2

I．G852.11

中国国家版本馆 CIP 数据核字第 2024SU2236 号

非遗·武术校园传承系列教材
Feiyi·Banhou Quan

非遗·班侯拳

张立斌　孙　刚　张译驰　**编著**

策划编辑	胡　军
责任编辑	雷　勇
责任校对	左凌涛
封面设计	原谋书装
出版发行	西南交通大学出版社
	（四川省成都市金牛区二环路北一段 111 号
	西南交通大学创新大厦 21 楼）
营销部电话	028-87600564　87600533
邮政编码	610031
网址	http://www.xnjdcbs.com
印刷	成都蜀通印务有限责任公司
成品尺寸	148 mm×210 mm
印张	6.5
字数	115 千
版次	2025 年 1 月第 1 版
印次	2025 年 1 月第 1 次
书号	ISBN 978-7-5774-0321-2
定价	39.00 元

图书如有印装质量问题　本社负责退换
版权所有　盗版必究　举报电话：028-87600562

审委会名单

主　任：李成银

副主任：李国纲　　张　龙　　房俊善

编委会名单

主　任：张立斌　中国武术七段、山东职业学院副教授、杨式太极拳第六代传人、济南杨班侯式太极拳第五代传人

副主任：孙　刚　山东师范大学体育学院教授，博士后
　　　　冯　雷　中国武术七段、杨式太极拳第六代传人、济南杨班侯式太极拳第五代传人

　　　　　李杉杉　　北京体育大学国际教育与交流学院
　　　　　　　　　　副教授，博士，硕士导师

委　员：国翠香　　山东职业学院体育美育教学部主任，教授
　　　　　孙洪涛　　山东职业学院继续教育学院院长
　　　　　于华荣　　山东中医药大学教授
　　　　　杨本升　　济南市体育局青少年体育处处长
　　　　　林志刚　　山东师范大学体育学院副教授
　　　　　王克海　　山东中医药大学副教授
　　　　　吴桂蓉　　杨式太极拳第六代、济南杨班侯式
　　　　　　　　　　太极拳第五代传人
　　　　　温宪波　　杨式太极拳第六代、济南杨班侯式太极
　　　　　　　　　　拳第五代传人
　　　　　牛　克　　杨式太极拳第六代、济南杨班侯式太极
　　　　　　　　　　拳第五代传人
　　　　　魏永利　　杨式太极拳第六代、济南杨班侯式太极
　　　　　　　　　　拳第五代传人
　　　　　田学建　　山东师范大学体育学院　博士
　　　　　金秉盈　　济南外国语学校高级教师
　　　　　李　强　　杨式太极拳第六代、济南杨班侯式太极
　　　　　　　　　　拳第五代传人

王　乐　山东中医药大学讲师

杨玉凤　山东中医药大学讲师

张译驰　山东师范大学硕士研究生，杨式太极拳
　　　　第七代、济南杨班侯式太极拳第六代传人

李　静　山东省泓泰传媒有限公司

杨　苓　山东大学体育学院 博士

呼志昊　山东职业学院武术教师（武术硕士）

本册编著：张立斌　　孙　刚　　张译驰

本册演示：张立斌　　郭宇赫　　杨政庆

本册拍摄：张译驰　　王　英　　张苏龙

　　　　　丁红雷　　刘继发　　李永芳

序 一

作为杨班侯式太极拳第四代代表性传承者，我亲眼见证了班候拳在历史长河中的传承与演进。值此，由我的弟子张立斌编撰的关于班候拳的高校校园传承教材即将出版，我感到由衷的欣慰。

班候拳，这一蕴含深厚历史与文化精髓的武术流派，源自杨露禅宗师的传承，由杨班侯进一步创编完善，代代相传至今。班候拳所包含的拳械技艺极为丰富，其中64式活步大架太极拳作为其经典套路，亦是当今珍贵的非物质文化遗产。鉴于校内教学时间的限制，为了便于教学，弟子立斌基于其深厚的武术功底和高校专业教师的视角，从64式太极拳中精选出部分动作，编纂出22式简化版太极拳套路，在此基础上进行了扩展，撰写了《非遗·班候拳》教材，实属难得。

更令人赞赏的是，该教材运用现代科技手段，突破了传统教材的局限，通过教学视频二维码的方式，实现了图文与视频、理论与实践的有机结合，无疑将显著提升教学效果和社会影响力。

对于高校学生而言，这本教材不仅是一本武术学习的指南，更是一扇通往中华传统文化宝库的大门。因此，我坚信，这本教材将在班候拳的传承史上开启新的篇章，将成为连接过去与现在的桥梁，让更多的人尤其是年轻一代，投身于班候拳的学习之中，将这一卓越的非物质文化遗产继续传承并发扬光大。

房俊善
2024 年 10 月 28 日

序 二

杨班侯式太极拳，作为杨式太极拳的一个重要流派，其传入济南地区大约始于20世纪30年代末。至2015年，经过专家同行评议及济南市人民政府的正式批准，杨班侯式太极拳被纳入非物质文化遗产保护项目名录。

在济南，孙继先和房俊善两位老师是该拳法的主要传承人。本书主编张立斌先生自幼习武，拜房俊善为师，深入学习杨班侯式太极拳及其器械，经过多年研究与实践，积累了丰富的知识和深刻的体会，全面系统地掌握了该拳法理论、技法及器械技术体系。张立斌先生为杨班侯式太极拳的传播与发展做出了显著贡献，他将此拳法引入学校教育，使之成为校园武术课程的一部分，深受青年学生的喜爱和好评。

为了更广泛地推广杨班侯式太极拳，张立斌先生指导成立了《杨班侯式太极拳系列教程》编写小组，并付诸实践。在编写书稿的过程中，编写小组在学校和社区进行了广泛的记录和实验，取得了令人满意的效果。经过多次修订，书稿已完成初稿，即将付梓出版。

本书共分为五个章节，包括"起源与发展""基础理论""基本技术""技术图解"以及"训练与提高"。在审阅书稿后，我认为该书作为校园武术学习教材，确实具备了知识性和实用性的特点，教材内容遵循了由浅入深、由简至繁的教学原则，易于学习和掌握，图文并茂，并结合了新媒体技术手段，便于自学时观看视频进行学习和练习。

  本书不仅适合中老年人群学习和锻炼，尤其适合青少年学生进行自学和自我训练。从字里行间，我看到了编著者们的辛勤努力和创新发展的成果。我坚信，本书的出版将对优秀传统武术文化的传承与发展以及学校武术教学改革产生深远的影响。在此，我向所有付出辛勤劳动的编著者们致以崇高的敬意，并感谢他们对中国传统武术保护和发展所作出的重大贡献。

中国武术九段，山东师范大学资深教授
李成银
2024 年 11 月 1 日

Preface

前　言

亲爱的读者：

我们真诚地向您呈现这部精心编纂的《非遗·班侯拳》高校校园传承教材。此书旨在将我国璀璨夺目的非物质文化遗产——杨班侯式太极拳融入高校课堂，引领更多的青年学子领略、掌握并传承这一门独具特色的杨式太极拳流派。

班侯拳，乃非物质文化遗产济南杨班侯式太极拳之雅称，由杨式太极拳宗师杨露禅之次子杨班侯所创编。杨班侯自幼性格刚毅，虽读书不甚敏慧，但对太极拳的领悟却颇为深厚。在杨露禅（杨式太极拳创始人）、武禹襄（武式太极拳创始人）两位大师的悉心指导下，杨班侯武功大成，其造诣甚至超越了前贤。杨班侯的拳法既承家父之风，又融合武式太极拳之精髓，最终形成了独树一帜的"班侯架"。此拳架体系完备，包含大架、中架、小架、快架等多种风格，以及独特的杨式炮捶和"杨式老架"等。济南地区广为流传的"班侯架"，是由陈式二路拳衍化而来的杨式活步大架六十四式，该套拳法既保留了陈式缠绕发力的特点，又融入了武式活步的特点，每一式都蕴含着深厚的武术内涵和独特的技击理念。这套"班侯架"在济南地区独树一帜，深受武术爱好者的喜爱，于 2015 年被济南市人民政府非遗管理机构纳入济南市非物质文化遗产名录，备受珍视。

作为中华民族非物质文化遗产的重要组成部分，班侯太极拳承载着中华民族的优秀传统文化，是祖先智慧的结晶。然而，随着时代的变迁，班侯太极拳的传承与发展面临着前所未有的挑战。为了守护和传承这一瑰宝，我们倾力编撰了《非遗·班侯拳》高校校园传承教材，期望让更多的高校学生接触、了解并传承、弘扬济南杨班侯式太极拳。

本教材旨在全面、深入地介绍济南杨班侯式太极拳的历史渊源、文化内涵和传承价值，旨在提高高校学生对非物质文化遗产的认识与重视，促进全社会共同参与非物质文化遗产的保护与传承。书中详细介绍了班侯太极拳的基本理论和技术要领，结合图片、视频等多媒体手段，将班侯太极拳的基本手型、步型、步法、腿法、套路及拆招等清晰展现，使读者仿佛在老师亲自指导下随时随地学习、领会动作精髓。

班侯太极拳不仅具有卓越的健身功效，更在传统武术技击训练和研究领域占有重要地位。我们期望通过本教材的推广，激发更多高校学生参与班侯太极拳的学习与练习，为培养高水平的班侯太极拳传承人，为班侯太极拳的传承与发展贡献力量。

衷心祝愿《非遗·班侯拳》高校校园传承教材能成为您学习杨班侯式太极拳的良师益友，助您在班侯太极拳的修炼道路上取得卓越成就，为传承和弘扬中华民族优秀文化作出重要贡献！

谨此致谢！

编委会

2024 年 8 月

二维码目录

序号	资源名称	资源类型	资源页码
1	步型与步法	视频	028
2	并立步	视频	028
3	开立步	视频	029
4	马步	视频	029
5	丁步	视频	030
6	虚步	视频	030
7	坐步	视频	031
8	弓步	视频	032
9	跟步	视频	032
10	歇步	视频	033
11	独立步	视频	033
12	开步	视频	034
13	并步	视频	035
14	进步	视频	036
15	上步	视频	038
16	退步	视频	039
17	抽步	视频	039
18	返身步	视频	040
19	手型	视频	041
20	掤手	视频	042
21	搂手	视频	044
22	云手	视频	046

续表

序号	资源名称	资源类型	资源页码
23	採手	视频	047
24	旋抹手	视频	047
25	反抽手	视频	048
26	捋	视频	049
27	挤	视频	050
28	单按掌	视频	051
29	分脚与蹬脚	视频	052
30	挂踢	视频	054
31	摆莲脚	视频	054
32	二踢脚	视频	055
33	开合运动	视频	056
34	旋转运动	视频	058
35	平移运动	视频	058
36	屈伸运动	视频	059
37	完整套路演示——正面	视频	061
38	完整套路演示——背面	视频	061
39	完整套路演示——侧面	视频	061
40	完整套路演示——路线	视频	061
41	起势	视频	062
42	揽雀尾	视频	064
43	单鞭	视频	068
44	云手	视频	071
45	搂膝上步搬拦捶	视频	074
46	如封似闭	视频	076

续表

序号	资源名称	资源类型	资源页码
47	抱虎归山	视频	078
48	上步肘底捶	视频	079
49	倒撵猴	视频	081
50	斜飞式	视频	084
51	提手	视频	085
52	野马分鬃	视频	088
53	玉女穿梭	视频	089
54	左分脚	视频	091
55	转身右蹬脚	视频	093
56	风摆荷叶	视频	095
57	进步指裆捶	视频	096
58	翻身二踢脚	视频	097
59	退步跨虎	视频	100
60	斜身扭月摆莲脚	视频	101
61	弯弓射虎	视频	103
62	收势	视频	106
63	起式拆招	视频	109
64	揽雀尾拆招	视频	112
65	单鞭拆招	视频	116
66	云手拆招	视频	120
67	搂膝上步搬拦捶拆招	视频	121
68	如封似闭拆招	视频	123
69	抱虎归山拆招	视频	124
70	上步肘底捶拆招	视频	125

续表

序号	资源名称	资源类型	资源页码
71	倒撵猴拆招	视频	127
72	斜飞式拆招	视频	129
73	提手拆招	视频	130
74	野马分鬃拆招	视频	131
75	玉女穿梭拆招	视频	133
76	左分脚拆招	视频	134
77	转身右蹬脚拆招	视频	135
78	风摆荷叶拆招	视频	136
79	进步指裆捶拆招	视频	137
80	翻身二踢脚拆招	视频	138
81	退步跨虎拆招	视频	140
82	斜身扭月摆莲脚拆招	视频	141
83	弯弓射虎拆招	视频	145
84	收势拆招	视频	146
85	并步屈蹲桩	视频	147
86	太极浑圆桩	视频	148
87	沉髋独立桩	视频	150
88	横移步	视频	151
89	前进步	视频	154
90	后退步	视频	159

Contents

目 录

第一章　济南杨班侯式太极拳的起源与传承……………001
　第一节　济南杨班侯式太极拳的起源 ……………001
　第二节　济南杨班侯式太极拳的传承历史……………003
第二章　济南杨班侯式太极拳的基本理论……………010
　第一节　济南杨班侯式太极拳的哲学思想……………010
　第二节　济南杨班侯式太极拳的训练指导理论……………016
　第三节　济南杨班侯式太极拳的"三层九级"理论……………026
第三章　济南杨班侯式太极拳的基本技术……………028
　第一节　济南杨班侯式太极拳的基本步型与步法……………028
　第二节　济南杨班侯式太极拳的基本手型与手法……………041
　第三节　济南杨班侯式太极拳的腿法……………052
　第四节　济南杨班侯式太极拳的几个基本运动概念……………056
第四章　济南杨班侯式太极拳校园传承22式的技术图解……061
　第一节　套路动作名称……………061

第二节　招法分解……………………………………062

　　第三节　校园传承-22式班侯拳拆招………………109

第五章　济南杨班侯式太极拳训练与提高……………147

　　第一节　济南杨班侯式太极拳的辅助训练法………147

　　第二节　济南杨班侯式太极拳的套路训练法………162

附　录　济南班侯门传统套路拳械谱…………………169

　　附录一　六十四式活步大架太极拳拳谱……………169

　　附录二　六十四式太极剑剑谱（俗称"复杂剑"）………171

　　附录三　六十四式太极枪枪谱………………………173

　　附录四　六十四式太极棍棍谱………………………175

　　附录五　四十八式太极刀刀谱………………………177

　　附录六　四十六式太极剑剑谱………………………179

　　附录七　太极十三剑剑谱……………………………181

　　附录八　太极双剑剑谱………………………………183

　　附录九　武当太极对剑剑谱…………………………185

参考文献……………………………………………………188

第一章

济南杨班侯式太极拳的起源与传承

第一节 济南杨班侯式太极拳的起源

济南杨班侯式太极拳的起源可以追溯到中国的一位著名武术家杨露禅（1799—1872）。杨露禅（图1-1）师承陈式太极拳一代宗师陈长兴（1771—1853），是杨氏太极拳的创始人，他以其独特的武术风格和出色的武术技能闻名于世，被誉为"杨无敌"。

图1-1　杨露禅

杨班侯（1837—1892），杨露禅先生之次子。杨班侯（图1-2）自幼随父修习武艺，又得武禹襄（1812—1880，武式太极拳之创始人）悉心指导，武艺精湛。永年有"两七教了个八"之说，意谓杨露禅、武禹襄皆从河南学

图1-2　杨班侯

得太极之精华，"七"是说他们当时功夫和精熟高峰时也只能达到太极拳最高境界的七成，"八"则是说杨班侯从他们二人处学习却得到了八成之多。

杨班侯年方十九，即进京助父传授拳法，与各路高手切磋，未尝一败，因而享有杨门第二代"杨无敌"之美誉。其后，在旗营任武术教习。及至1860年，英法联军入侵北京，大肆烧杀抢掠，时年二十三岁的杨班侯，英勇奋起，力抗外敌，终难挽大势避难于寺庙，隐匿为僧以避灾祸。

在杨班侯避难之际，他接收王矫宇（1836—1939）为弟子。出于避免身份暴露的考量，杨班侯在传艺过程中有意识地模糊了杨家拳法的特征，他将家传杨式、先父所习之陈式以及武禹襄所传之武式拳法融为一体，创编64式活步大架，并在起势与收势之际，巧妙地融入了佛家"单手合十"的礼仪，以此昭示其身在佛门的事实。在指导王矫宇学习拳械技艺的过程中，杨班侯又进一步创编了剑、枪、刀、棍等多种器械的套路，从而构建了一套全新且独特的活步大架太极拳技术体系，这一体系显著区别于他以往所传授的杨式拳法。历经后世的传承与发展，最终形成了独具风格特点的济南杨班侯式太极拳派。

第二节 济南杨班侯式太极拳的传承历史

一、第二代代表性传承人王矫宇

王矫宇（1836—1939）生于清道光十六年。是近代太极拳宗师杨露蝉的再传弟子。清咸丰年间，杨露蝉被聘至北京端王府中，向端王载漪传授太极拳六十四式。载漪习练技击时需有人陪练，王矫宇（图1-3）当时在王府任管事人，因身体剽悍成为载漪的陪练。王矫宇天资颖慧，充当陪练几年，竟将杨氏拳偷学到手，载漪不胜惊异。此时杨露蝉已离世，载漪遂将此事言于杨氏传人杨班侯。杨班侯破格收王矫宇为入室弟子，王矫宇遂正式列入杨派门下。

图1-3 王矫宇

王矫宇用四十年时间走完了"炼体炼器"和"炼神炼气"这两步。他从六十四岁起始习练"静功"，研习呼吸导气之法。他曾长期在德胜门外真武庙中静坐习功，每日只进中午一餐，但并不感到饥饿。1926年，王矫宇年满九十，依然牙齿整齐，面色红润。当时国内太极拳名家很多，却极少有人能够超越王矫宇。

王矫宇晚年被徒众奉居于北京和平门内的吕祖阁。每日雄鸡首唱，众多弟子齐集于吕祖阁前。待众人进得庙中，庙门即闭。王矫宇闻鸡即起，常端坐于神殿外向弟子授拳，虽天降大雪亦不辍。弟子有盘"老架子"者，有对练"推手"者，有习练太极刀、枪、剑者，林林总总，令人眼花缭乱。王矫宇看至兴浓时，还常常在众人面前挥剑起舞。只见王矫宇银须飘洒，精神抖擞，雪地红绸，剑光夺人，实为吕祖阁一道新景。

王矫宇为人仗义疏财，扶危济困，遇有慈善事业必踊跃施助。其得意高足有太极拳名家范培铮、郭连荫、孙继先、刘睿瞻等。1939年，王矫宇以痰症复发骤逝于吕祖阁中，终年一百零三岁。王矫宇因偶然的机会得窥拳术之妙，而后青出于蓝胜于蓝，将杨氏太极拳推向了更高的境界。作为一代宗师，他对中华武术的贡献，芳馥长存。

二、第三代代表性传承人孙继先

孙继先（1915—2000），山东肥城新城镇人，中华人民共和国成立前曾任山东国术馆太极拳教练，中华人民共和国成立后在济南工作，先后担任济南武术馆顾问、山东老年大学太极拳总教练、济南杨式太极拳研究会会长等职。孙继先（图1-4）先生自幼习武，1930年考入山东省国术馆深造，三年后由师兄范铁安引荐到北京吕祖庙拳场拜入王矫宇大师门下，学习杨班侯太极拳及门内器械。连续三年，学习掌握了64式活步大架太极拳、太极单双剑、太极刀、太极齐眉棍、太

图1-4 孙继先

极大枪、太极推手等多种套路。1938年，孙继先先生被山东省国术馆聘为太极拳教练，开启了孙先生60余年的太极拳教学生涯。

孙继先先生在山东省国术馆担任太极拳教练期间，不仅教授济南杨班侯式太极拳的各种套路，还深入研究和探索太极拳的精髓和奥妙。他结合自己的实践经验，不断总结和提炼太极拳的理论和技艺，为济南杨班侯式太极拳的推广和发展作出重要贡献。孙继先先生一生教授学生一万余人，成为济南杨班侯式太极拳第三代宗师（另一支由师兄郭连荫从台湾迁至美国加州）。

三、第四代代表性传承人房俊善

房俊善（1942—），籍贯山东淄博，济南杨班侯式太极拳第四代代表性传承人，中国武术七段，山东省武术

院培训基地教练，济南市体育总会会员，济南市武术运动协会顾问，济南市班侯拳法协会名誉会长兼总教练，济南市历城区杨式班侯太极拳协会创会人兼总教练。

房俊善（图1-5）年少求学于济南，与孙继先之子同窗，深受孙先生青睐，从而得以全面学习并传承济南杨班侯式太极拳技艺，成为该拳法的关键传承者。房俊善先生毕生致力于济南杨班侯式太极拳技艺的传承，并深入研究太极拳与医学结合的养生康复学。他曾在《太极》杂志上发表了《太极拳与经络系统的关系》《练太极拳腿关节扭伤性疼痛的预防》《太极拳习练理法要领歌诀》等多篇文章，并编纂出版了《杨班侯式太极拳》一书。此外，他还录制了太极拳及枪、刀、剑、棍等器械的系列教学视频，为济南杨班侯式太极拳及其器械的传播与发展提供了直观易学的资料。

图1-5　房俊善

为探寻杨式传统太极拳的传承法脉，房俊善先生九次率领学生赴杨式太极拳的发源地——河北省永年县广府镇进行访问、学习和交流。期间，他应邀进行讲练、技艺切磋，并在"2006河北永年广府第三届太极拳年会拳技大赛"上取得优异成绩，获得了专家和同仁的广泛赞誉以及杨氏太极拳本家传承人的认可。经过多位名家拳师的评审，该套"济南杨班侯式太极拳"被正式纳入杨氏太极拳的传承谱系，使这一鲜为人知、濒临失传的拳法得到了广泛的传播和推广。2015年5月，该拳法被济南市人民政府正式认定为市级非物质文化遗产。

房俊善先生所传弟子、学生8000余人，主要分布在济南市、山东省其他各地区、部分外省市，以及韩国、日本、澳大利亚等国家。其中济南市及近郊传拳的弟子有苗秀华、吴桂蓉、温宪波、冯雷、张立斌、朱梅、牛克等；莱芜区传拳弟子有亓臻、王瑞红等；潍坊市传拳弟子有李强等；青州市传拳弟子有夏刚、汲波等；淄博市传拳弟子有王建明、邱效远等；禹城传拳弟子有王森林等。

四、第五代主要传承弟子

房俊善先生弟子冯雷（1956— ），济南市班侯拳法协会会长，中国武术七段，国家级武术段位考评员，山东老年大学、济南老年人大学太极拳教师。冯雷（图1-6）在国家级刊物上发

图1-6　冯雷

表论文十余篇，策划编导了山东省第一部大型纪录片《太极之春》和文献纪录片《非遗武术在济南》，播出后受到广泛传播及好评。培养学生数千人，弟子50余人。多次带领学生、弟子参加国家级及省级武术比赛，其参赛项目杨班侯式太极拳及其系列器械套路取得优异成绩并荣获大奖。

房俊善先生弟子张立斌（1968—），中国武术七段，济南市武术运动协会副主席，山东省武术运动协会理事，武术段位指导员、国家级武术段位考评员。张立斌（图1-7）发表论文《形成桩上徒搏实战能力的核心技术》《桩上徒搏运动员的赛前心理训练研究》《高校民族传统体育专业的发展现状研究》《从非物质文化遗产、武术功法运动与武术文化安全的角度谈后奥运武术发展》《实用擒拿技巧——制肘八法十六技》《太极拳传统文化内核的现代阐释》等。自2008年至今，在山东职业学院开设杨班侯式太极拳课程，培养学生数千名，弟子参赛获得全国武术功力大赛金牌3枚、银牌4枚、铜牌3枚，参加山东省太极拳锦标赛等太极推手项目获得金牌10枚，参加山东省武术大会和

图1-7 张立斌

山东省大学生运动会及锦标赛获得金牌 30 余枚。张立斌先生于 2013 年、2015 年两度应邀前往白俄罗斯明斯克和戈梅利传授太极拳法。

第二章

济南杨班侯式太极拳的基本理论

第一节 济南杨班侯式太极拳的哲学思想

一、阴阳成拳——太极两仪理论

"太极阴阳"理论在中国传统文化的思辨体系中占据核心地位,亦构成杨班侯式太极拳的核心理念与指导思想。从静态到动态的技巧演练,从独立训练到双人搏击,班侯拳均严格遵循太极思想之精髓。太极作为一个整体,由阴阳两部分组成,二者既相互对立又相互交融,阴中蕴含阳,阳中亦有阴。阴阳在太极体中呈现既对立又统一的状态,彼此不可或缺。

在杨班侯式太极拳中,上下、左右、前后、内外、进退、虚实、攻守、意与气、气与力、肢体与功能,以及劲力的刚柔、肢体的松紧、动作的快慢等,均被视为太极的两仪,体现了对立统一的哲学原理,不可分割。当这些对立元素达到和谐统一时,便能展现出令人叹为观止的效果,这正是杨班侯式太极拳的独特魅力所在。

深入理解和把握太极两仪理论，是学习者进入杨班侯式太极拳领域的必要条件。

二、阴阳运化——八卦理论

太极八法，即掤、捋、挤、按、採、挒、肘、靠此八法，它也是杨班侯式太极拳的基本手法、劲法。八法分别合于八卦。"八卦"理论较为复杂，我们仅借助八卦卦型（卦象），"—"为阳，代表劲力中的刚劲；"--"为阴，代表劲力中的柔劲，这样就可以轻松认识八法劲力的特点。

（一）掤—坎卦

坎卦如图 2-1 所示。

图 2-1

掤：外柔内刚，如"棉里裹铁"，就是掤劲。

（二）捋—离卦

离卦如图 2-2 所示。

图 2-2

捋：外刚内柔，或者理解为先刚再柔继之再变刚的劲力方法。

（三）挤—震卦

震卦如图 2-3 所示。

图 2-3

挤：先柔再刚、柔多刚少的劲力方法。

（四）按—兑卦

兑卦如图 2-4 所示。

图 2-4

按：先柔再刚、柔少刚多的劲力方法。

（五）採—乾卦

乾卦如图 2-5 所示。

图 2-5

採：採为刚烈之劲。

（六）挒—坤卦

坤卦如图 2-6 所示。

图 2-6

挒：挒为阴柔之劲。

（七）肘—艮卦

艮卦如图 2-7 所示。

图 2-7

肘：先刚后柔、刚少柔多之劲。

（八）靠——巽卦

巽卦如图 2-8 所示。

图 2-8

靠：先刚后柔，刚多柔少之劲。

结合八法技术方法，对照八卦卦型参悟八法劲力可收到事半功倍之效。

三、相生相克——五行理论

五行学说，作为中国古代人民智慧的结晶，是一种独特的哲学思想体系。其核心在于将木、火、土、金、水五种物质视为构成宇宙万物的根本要素，这五种元素之间既相互依存、相互促进又相互制约，共同构成了一个用以阐述宇宙万物及其自然现象变化规律的五维思辨模型。在杨班侯式太极拳的实践中，阴阳衍生出的八卦理论为太极八法的形成提供了理论基础，而五行学说则作为指导杨班侯式太极拳技法运用的重要原则，为拳法的运用提供了深厚的哲学依据。

十三势之"进、退、顾、盼、定"与五行规律有着密切的联系。

"进""退"为步法，主攻防。"进"指向前进步和"我顺人背"时的进攻，性如火之向上急进，因此五行属火；"退"指向后退步和"人刚我柔"时的防守，性如水之柔和谦让，因此五行属水。

"顾""盼"为眼法，主收集信息。"顾"指积极探索、注视、环顾对手的动作状态，以收集客观存在的战备信息，性如木之性直情和生发条达，因此五行属木；"盼"指静观对手的举动变化，以收集预判对手攻击行动的战备信息，性如金之清净肃杀，因此五行属金。

"定"为身法，主攻、守以及准备状态下的身体姿态变化规律。"定"指身法中正安舒不偏不倚，心境安宁平和不急不躁，性如土之化育养长厚重和平，因此五行属土。

杨班侯式太极拳在四肢与躯干的协调运动中，充分展现了与五行规律的紧密联系。其双脚、双手在动作执行时，通常具备明确的前后位置分工，并辅以主导四肢运动的腰身，从而完美契合五行原理。具体而言，前手主攻如火之热烈，后手主守如水之深邃；前足先行如金之锐利，后足蓄势如木之生长；腰部则主司运化，如土之承载。这种五行之间的生克制化规律，正是杨班侯式太极拳身体运动的内在法则。举例来说，木能生火，前手的力量源自后足的蹬伸之力；金能生水，前足的蹬伸可为后手反击提供能量支持；金能克木，后腿蹬伸之力受到前腿支撑的制约，从而上行传递至前手；土能生金，前腿的移动则由腰部的带动而实现。这些原理均体现了太极拳运动的严谨性、稳重性与理性。

杨班侯式太极拳所蕴含的哲学思想，构成了一套全面且深刻的哲学体系。它不仅在拳法上有重要的指导意义，在生活和工作中也具有广泛的应用价值。通过不断地学习和实践，可以逐渐领悟这种哲学的精髓，从而在各个方面获得更多的收获和成长。

第二节 济南杨班侯式太极拳的训练指导理论

初学杨班侯式太极拳，应按照"3原则、4要点、5意识"循序渐进，不断掌握并提高拳艺水平。

一、济南杨班侯式太极拳的"3 原则"

（一）"不求练好"原则

关于"好"的评判，并非由个人主观决定，而是需要通过实践后的表现，由他人客观评价得出。追求练好，容易导致形神在外而削弱内守，导致内外失联。反之，忽略外在而专注内守，练对细节，才能不断提高训练水平。"不求练好，但一定要练对"，这是学习杨班侯式太极拳的一个原则。

（二）"膝脚同向"原则

杨班侯式太极拳是活步大架太极拳，脚落地支撑时，一定要保持膝关节与脚尖方向一致。膝脚同向可以保护膝关节健康，又可以使起于足跟的力量更好地传递到腰以供分配运用。

（三）"重心控制"原则

杨班侯式太极拳的重心原则是指在练习太极拳时，身体重心始终保持在支撑面以内，这是为了能够更好地感悟身体骨结构支撑，保持身体的平衡和稳定，更好地控制自己的动作和力量。这个原则不仅仅适用于杨班侯式太极拳，也适用于其他太极拳流派和武术门派。把握这个原则的重点在于单脚支撑变双脚支撑和双脚支撑变单脚支撑的节点。

二、济南杨班侯式太极拳的"4要点"

（一）松

"松"作为杨班侯式太极拳的首要原则，深刻体现了太极拳的精髓。在杨班侯式太极拳的修炼过程中，强调在练习时应松开关节、舒展筋骨、松沉内气、运用内劲，从而展现太极拳独特的松柔之美和宽广的架势。此处的"松"并非意味着散漫，而是在精神高度集中的状态下实现身心的全面放松，进而催生内劲，促使内气自然下沉至丹田，达到养生的目的。

"松"也是杨班侯式太极拳在攻防技巧中的重要体现。在推手或实战应用中，通过松沉内气、运用内劲，能够使拳脚动作轻灵自如地变换，有效化解对手的攻击。在必要时，也能借助松活的手法，以柔克刚，达到击败对手的目的。

（二）缓

杨班侯式太极拳要求行拳要"缓"，"缓"不是"慢"，而是要让自己的意识领先于动作，让动作跟随而不超越意识，故而"觉着慢"。缓则动作沉稳流畅、不僵滞，呼吸自然、不憋气。这种"缓"的练法可以培养身体的柔韧性、协调性和灵敏性，同时也可以提高心理素质，使心态平和、宁静。这种练习方法不仅可以帮助初学者打好基础，而且可以让有经验的太极拳爱好者进一步提高技艺。

（三）展

"展"是指在"松、缓"的前提下，动作到位时再舒展一下。"展"这个概念，在杨班侯式太极拳中，不仅仅是一种技艺要求，更是一种对太极拳内涵的深入理解。在进行套路练习时，每一个定势动作都应该要求身体上下、前后、左右的诸多对拉拔长更加强一点儿。这种对拉拔长不仅是对身体柔韧性的要求，更是对内在力量和平衡的掌控。通过这种方式，可以更好地体现出太极拳的阴阳相济、虚实相生的特点，使每次练习都会有所提高。每一次练习都是对自我极限的挑战和突破，也是对太极拳技艺深入理解的过程。在这个过程中，我们可以更好地领悟到太极拳的内涵和精髓，从而更好地发挥出班侯拳的养生效果和技击能力。

（四）注

在太极拳的修炼过程中，"注"之精髓在于持续觉察与身体有关的感觉。一旦投身于太极拳的研习，便如同播撒下希望的种子，而"注"则是孕育并收获这一修行成果的关键。唯有通过悉心体会身体的每一个细微反应，才能深刻体验到太极拳所带来的"恬愉"之境。同样，也是通过细致入微的身体感知，才能准确判断修炼是否已达"恬愉"之境，进而对动作方法进行必要的调整与优化，确保太极拳的修习过程始终遵循正确的轨迹。

三、济南杨班侯式太极拳的"5 意识"

学习杨班侯式太极拳，基本掌握套路动作进入练习提高阶段以后，需要逐步理解并运用以下 5 种意识，才能更快、更好地修炼出太极功夫。

（一）掤劲意识

"掤劲"是太极拳中至关重要的劲力，它不是肌肉力量，不消耗体能。"掤劲"源于身体的重力、骨结构的支撑力以及身体软组织的弹性力，学会运用这三种力是掌握掤劲的关键。要掌控这些力量，练习者首先应感知这些力量的存在状态，并逐步学会在动作中进行运用。在完成初步的套路学习后，练习者应放松身心，专注于感受骨结构的支撑力和身体重力，这种意识活动即被称为"掤劲意识"。能够理解和运用"掤劲意识"是杨班侯式太极拳入门的标志之一。

(二)太极意识

太极意识就是在杨班侯式太极拳的演练过程中,将意识关注于身体静态及功能各层面的太极态。意识要将未统一的两仪统一起来,将一边倒的状态(双重)找到对立面再统一起来,使其合为太极态。太极态包括形体结构层面的太极意识,以对拉拔长为特点;也包括功能层面的太极意识,是在具体运用过程中的对立统一,如虚实、快慢、刚柔、攻守及双方对手等。

形体太极意识的核心在于关注和控制身体静态两仪的变化,是静态姿势的上下、左右、前后,主要表现为对拉拔长和相向压缩。例如,"虚灵顶劲、气沉丹田"形成上下对拉拔长;"如封似闭"动作中的双手回收、双腿蓄势则为相向压缩状态。形体太极意识是杨班侯式太极拳入门标志之一。

功能太极意识专注于动态的进退、左右、上下之变化,以及运动中所展现的快慢、刚柔、虚实、粘黏、攻守之间的转换,包括力量的运用与收敛。功能太极意识的核心体现在反向(或异向)运动、相向运动,以及阴阳合一。例如,太极拳在起势时,两臂上掤之际,气息同步下沉至丹田，实现上下的统一；在搂膝拗步的招式中，横向搂抱的动作与向前按出的力量同时施展，形成异向的用力方式，使得对手难以应对；攻防对抗中攻守寓一，劲力刚柔相济等。功能太极意识是拳术进阶至高级层次不可或缺的核心要素。通过精确掌控意识，使身体各层面达到平衡与统一，进而逐步迈向身心和谐的境界，最终修炼出太极劲力。《太极拳论》所言："懂劲后，愈练愈精，默识揣摩，渐至从心所欲。"

（三）分化意识

在杨班侯式太极拳的演练过程中，分化意识是指将意识关注于构成各式招法动作的基本动作元素上。将复杂的人体运动拆分为最基本、最简单的机械动作，然后按照太极拳的运动规律，再将这些动作完美地组合成招法运动的过程。

这些基本动作元素主要包括旋转、开合、平移、屈伸以及收放等动作。例如，旋转是指围绕中心轴进行的旋转运动，如同车轮的转动；开合是指围绕侧轴进行的旋转运动，如同门的开启和闭合；平移是指身体重心的水平移动，如向前或向后的移动；屈伸是指前臂和小腿分别围绕肘关节和膝关节进行的运动；收放则是指四肢多关节的协同运动，例如上肢的收就是前臂屈和上臂开的复合运动，下肢的放就是大腿开和小腿伸的复合运动，收放运动就像弹簧，收就像弹簧回缩，放就像弹簧回弹。

分化意识首先就是关注招法动作中的这些基本动作元素，关注这些基本动作的源动力和这些基本动作的组合方式和过程。通过将人体运动拆分为最基本、最简单的机械动作，我们能够更好地理解太极拳的运动规律，也就是所谓的"招法无奇，运用有妙"。通过不断地练习和反思、不断地调整和修正，我们能够使身体进入高度协调的状态，进而达到"身体处处是太极"的状态，达到以柔克刚、借力打力的效果。

分化意识是杨班侯式太极拳演练过程中的重要意识活动，是精炼拳法技术的一种意识训练手段。通过将意识关注于基本动作元素上，提高对身体的控制能力，更好地理解太极拳的运动规律，从而更好地掌握这门武术的精髓。

（四）核心意识

在杨班侯式太极拳的演练过程中，核心意识是指将意识集中在身体核心区域的心理活动过程。这个核心区域主要包括身体平衡的核心和力的核心两个部分：

（1）身体平衡的核心是指身体结构的支撑点，通过意识的聚焦，演练者可以更好地保持身体的平衡与稳定。例如，当演练者采用单腿支撑的姿势时，应该将意识集中在支撑腿的髋关节上，这样可以更好地控制身体平衡。

（2）力的核心是指力的作用点和力源（力根）。力源（力根）就是力量发起的部位。在各种拳术动作中，力都有一个特定的力源或作用点。当演练者在拳术演练过程中不断关注力的核心时，可以更好地掌握科学用力的技巧，从而更好地发挥太极拳的威力。

"不断寻求最科学的用力方式，不断追求最佳的用力效果"是杨班侯式太极拳的一个功能，核心意识就是实现这一功能的心理活动过程。通过将意识时刻关注核心区域，演练者可以更好地把控身体的平衡，更好地掌握力量使用的技巧，从而更好地发挥太极拳的威力，这也是杨班侯式太极拳追求"以柔克刚""以弱胜强"境界的一个重要途径，它是济南班侯门独特的训练方法。

（五）攻防意识

太极拳是全球广受欢迎的健身运动之一，其健身效果成为人们追逐的目标。然而，忽略太极拳的武术本质会大大降低太极拳应有的健身功效。太极拳是在中国传统文化智慧的熏陶下，为了解决"以弱胜强"的难题，由武术前辈们精心创造的一个优秀拳种。如果失去了这个核心精神，必然会导致太极拳技艺变质、内涵失传。济南杨班侯式太极拳始终秉承着创拳宗师、第二代"杨无敌"的武术精神，始终以攻防为"拳术阶段"训练的关键目标。

攻防意识是杨班侯式太极拳"拳术阶段"最高级别的意识活动。在杨班侯式太极拳演练过程中，意识关注在招法、实用技巧上面，"面前无人似有人"，每个动作都像是在与人交流切磋，聚焦在"接、化、打、发"方面。通过这样持续的训练，身体与意识可以达到高度协调，太极拳技法、招法会自然而然地融入身体，从而达到较高的技艺水平。

总而言之，在杨班侯式太极拳的练习过程中，5种意识活动是提高练习水平的重要环节。这些意识活动需要依次进行训练，从掤劲意识开始，逐渐向太极意识、分化意识、核心意识、攻防意识逐层递进。在训练过程中，必须专注于当前意识活动，将低一级的意识活动存入潜意识，不是同时关注5种意识活动。通过逐一训练和提高自己的意识身体融合水平，可以使自己的太极功夫逐步达到较高水平。

第三节 济南杨班侯式太极拳的"三层九级"理论

为了更好地传承弘扬非遗班侯拳，根据班侯拳教学训练规律，把杨班侯式太极拳功夫划分为三层九级。

一、第一层学拳架

第一层学拳架可分为三级，主要包括：

（1）一级，学动作阶段：学习套路动作，掌握练习方法。

（2）二级，练松沉阶段：以练习"松沉"为主，寻找骨结构支撑。

（3）三级，参两仪阶段：在松沉的基础上，寻找出更多的"对立统一"，即阴阳两仪。

二、第二层明拳法

第二层明拳法可分为三级，主要包括：

（1）四级，学招法阶段：在套路动作基础上，学习太极拳招法，掌握招法的应变。

（2）五级，明劲理阶段：学习掌握并提高掤、捋、挤、按、採、挒、肘、靠等八种劲理与功力。

（3）六级,懂劲力阶段：通过各种训练方法和途径,达到"听劲知彼、用劲知己,合而太极、破而守中"的境界。

三、第三层练拳功

第三层练拳功可分为三级,主要包括：

（1）七级,求松散阶段：将原有太极拳认知变成潜意识存在,在练拳中追求身体和意识上的大松大柔。

（2）八级,练通空阶段：在松散的基础上,意识不断放空对肢体的执着,不断净化自己的身体,使身体达到空灵通透,似有若无的一种状态。从而达到"无为中发力而力大无穷"。

（3）九级,寻阻力（化劲）阶段：通过各种训练方法和途径,达到"遇劲则化、寻劲而不得"的境界。

第三章

济南杨班侯式太极拳的基本技术

第一节 济南杨班侯式太极拳的基本步型与步法

一、步型

（一）并立步

脚尖、脚跟都并拢，或两脚相距 10 厘米以内平行站立（图 3-1）。

步型与步法

（a）步形　　（b）站位

并立步

图 3-1

（二）开立步

两脚平行开立，两脚外缘与肩同宽（图 3-2）。

（a）步形　　　　（b）站位

开立步

图 3-2

（三）马步

两脚开立，两脚夹角 45°左右，屈膝半蹲（图 3-3）。

（a）步形　　　　（b）站位

马步

图 3-3

（四）丁步

一腿屈膝半蹲，脚尖外开 45°；另一腿屈膝，脚尖点在支撑脚内侧（图3-4）。

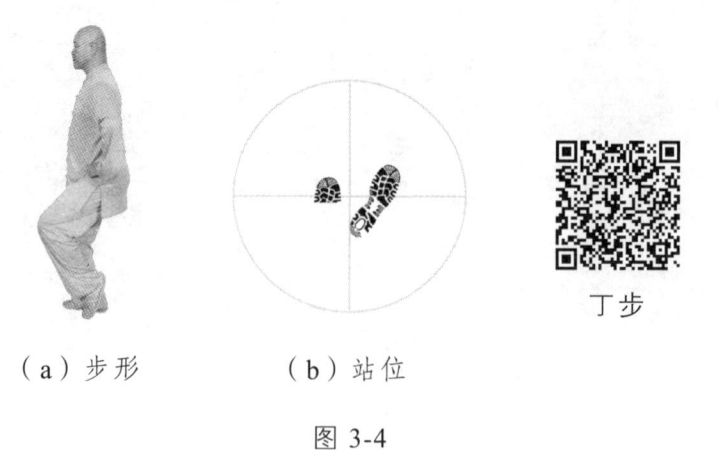

（a）步形　　　（b）站位

丁步

图3-4

（五）虚步

1. 前点虚步

两脚前后开立，后腿屈膝半蹲，脚尖外开45°，前腿屈膝脚尖点地，重心落在后腿（图3-5）。

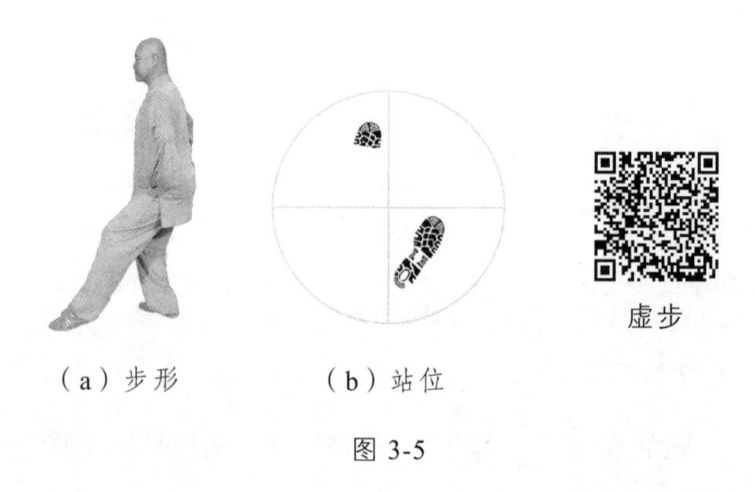

（a）步形　　　（b）站位

虚步

图3-5

2. 翘脚虚步

两脚前后开立，后腿屈膝半蹲，脚尖外开45°，前腿屈膝翘脚脚跟触地，重心落在后腿（图3-6）。

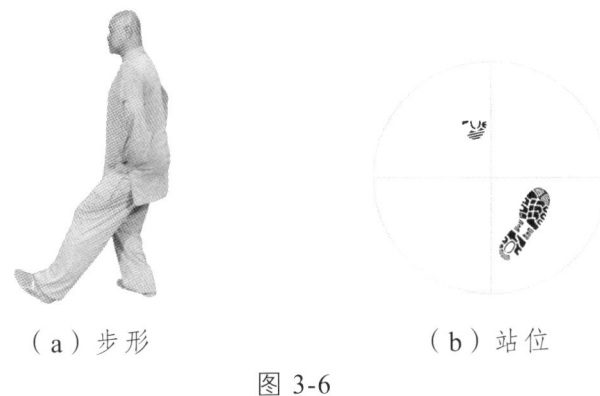

（a）步形　　　（b）站位

图 3-6

（六）坐步

两脚前后开立，后腿屈膝半蹲，脚尖外开45°，前腿屈膝全脚掌落地，重心在两脚之间偏后腿（图3-7）。

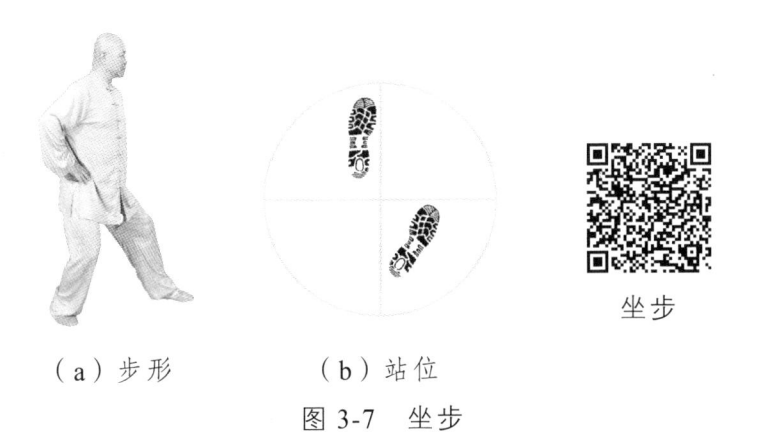

坐步

（a）步形　　　（b）站位

图 3-7　坐步

（七）弓步

两脚前后开立，前腿屈膝脚尖向前，膝关节不过脚尖；后腿蹬伸脚尖向外 45°，重心偏前腿（图 3-8）。

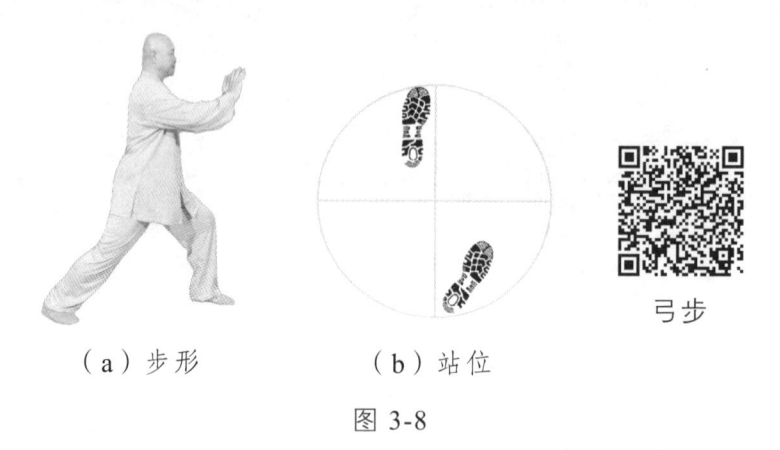

（a）步形　　（b）站位　　弓步

图 3-8

（八）跟步

两脚前后开立，前腿屈膝脚尖向前，后脚距前脚 10~20 厘米，脚前掌触地屈膝合胯蹬地，重心偏前脚（图 3-9）。

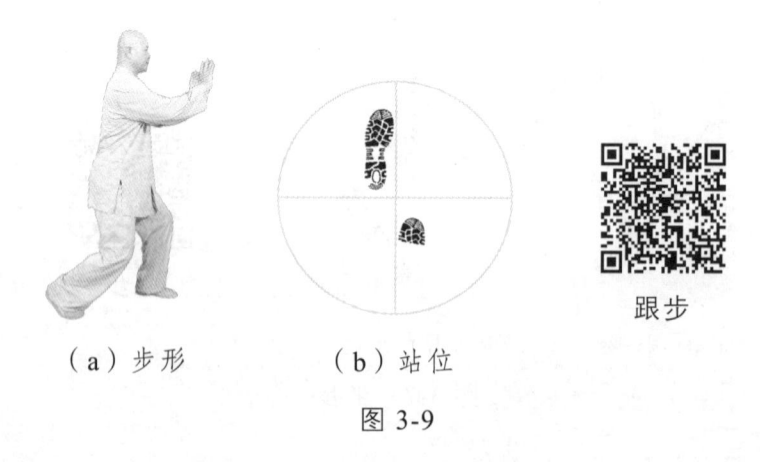

（a）步形　　（b）站位　　跟步

图 3-9

（九）歇步

两脚前后开立，前脚脚尖外展大于等于 45°，后脚脚前掌触地，脚跟外开近 90°，后腿膝关节贴紧前腿大腿，屈膝蹲下，前腿叠在后腿上面，坐于后脚脚跟（图 3-10）。

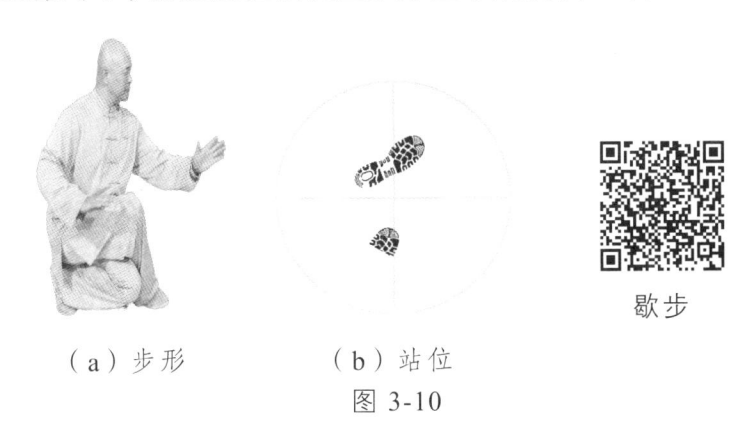

（a）步形　　（b）站位

图 3-10

歇步

（十）独立步

支撑脚脚尖外开 45°，另一腿提起（图 3-11）。

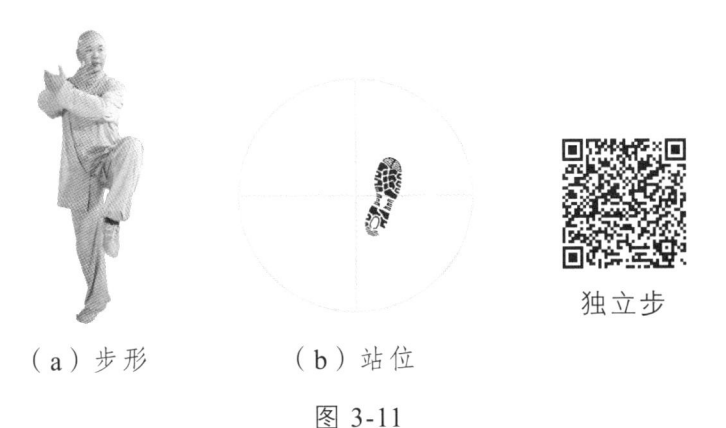

（a）步形　　（b）站位

图 3-11

独立步

二、步法

(一) 开步

并立时，一脚支撑，另一脚横向远离支撑脚落地，为开步（图3-12~图3-15）。

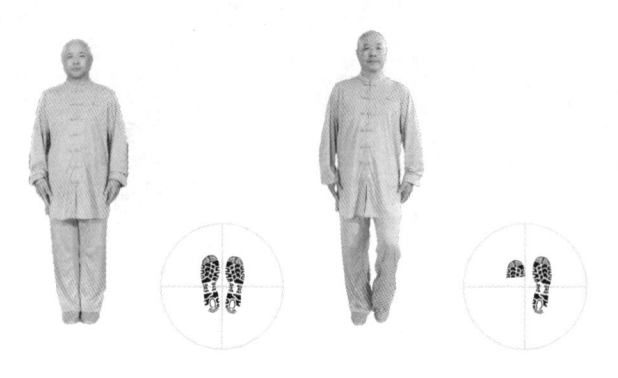

开步

（a）步形　（b）站位　　（a）步形　（b）站位

图 3-12　　　　　　　图 3-13

（a）步形　　（b）站位　　（a）步形　　（b）站位

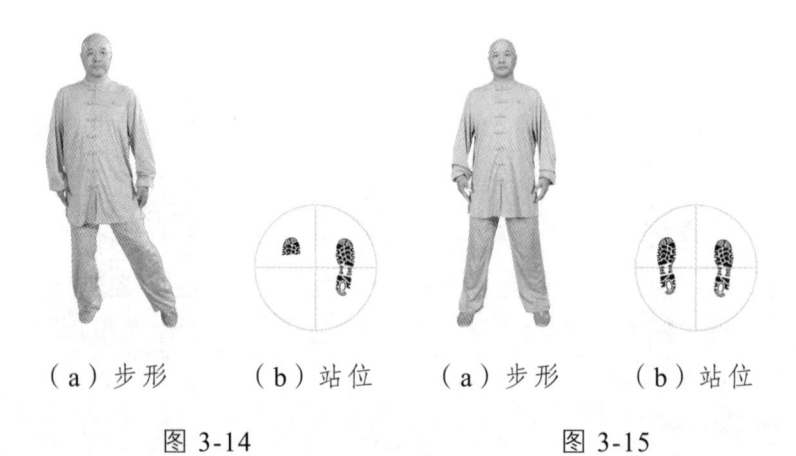

图 3-14　　　　　　　　图 3-15

（二）并步

开立步或马步状态下，一脚支撑，另一脚靠近支撑脚移步为并步（图 3-16~图 3-19）。

并步

（a）步形　（b）站位　　（a）步形　（b）站位

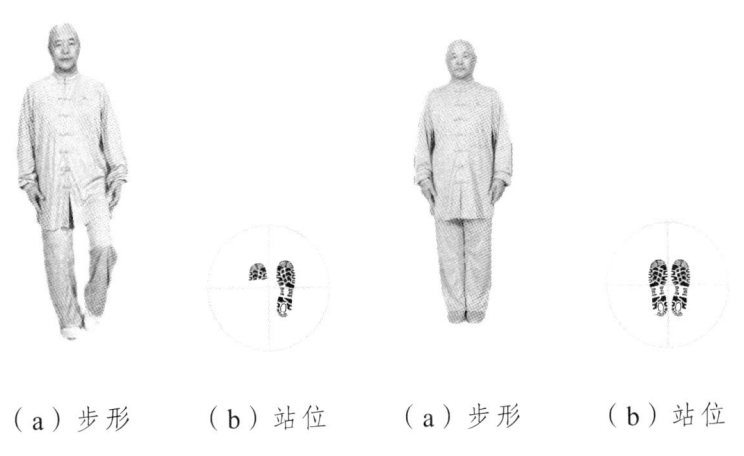

图 3-16　　　　　　　图 3-17

（a）步形　　（b）站位　　（a）步形　　（b）站位

图 3-18　　　　　　　图 3-19

（三）进步

开立步或并立步站立，一脚向前移步（图 3-20~图 3-23）；或者两脚前后开立时，前脚向前移步称为进步（图 3-24~图 3-27）。

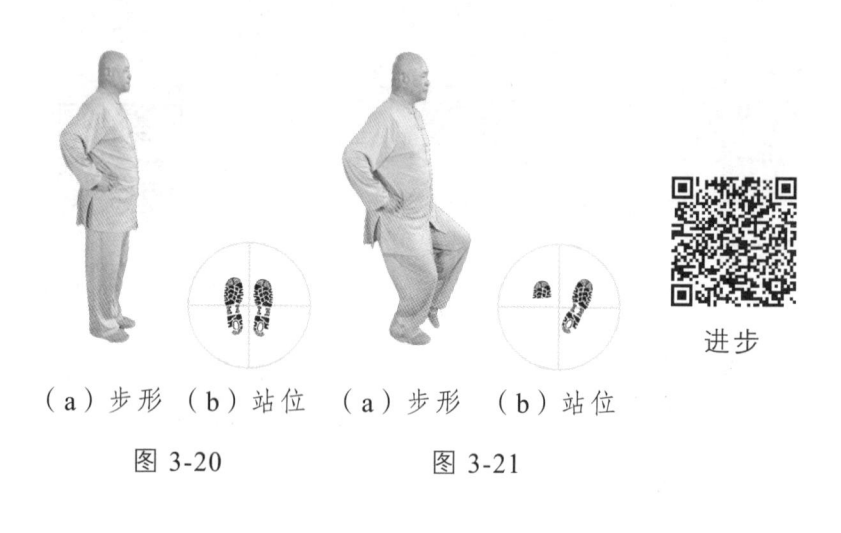

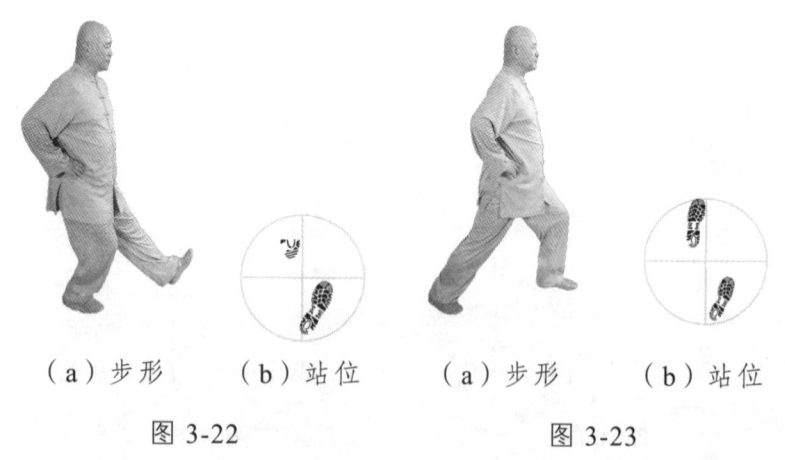

进步

（a）步形　（b）站位　　（a）步形　（b）站位

图 3-20　　　　　　　图 3-21

（a）步形　（b）站位　　（a）步形　（b）站位

图 3-22　　　　　　　图 3-23

（a）步形　（b）站位　　　（a）步形　（b）站位

图 3-24　　　　　　　　图 3-25

（a）步形　（b）站位　　　（a）步形　（b）站位

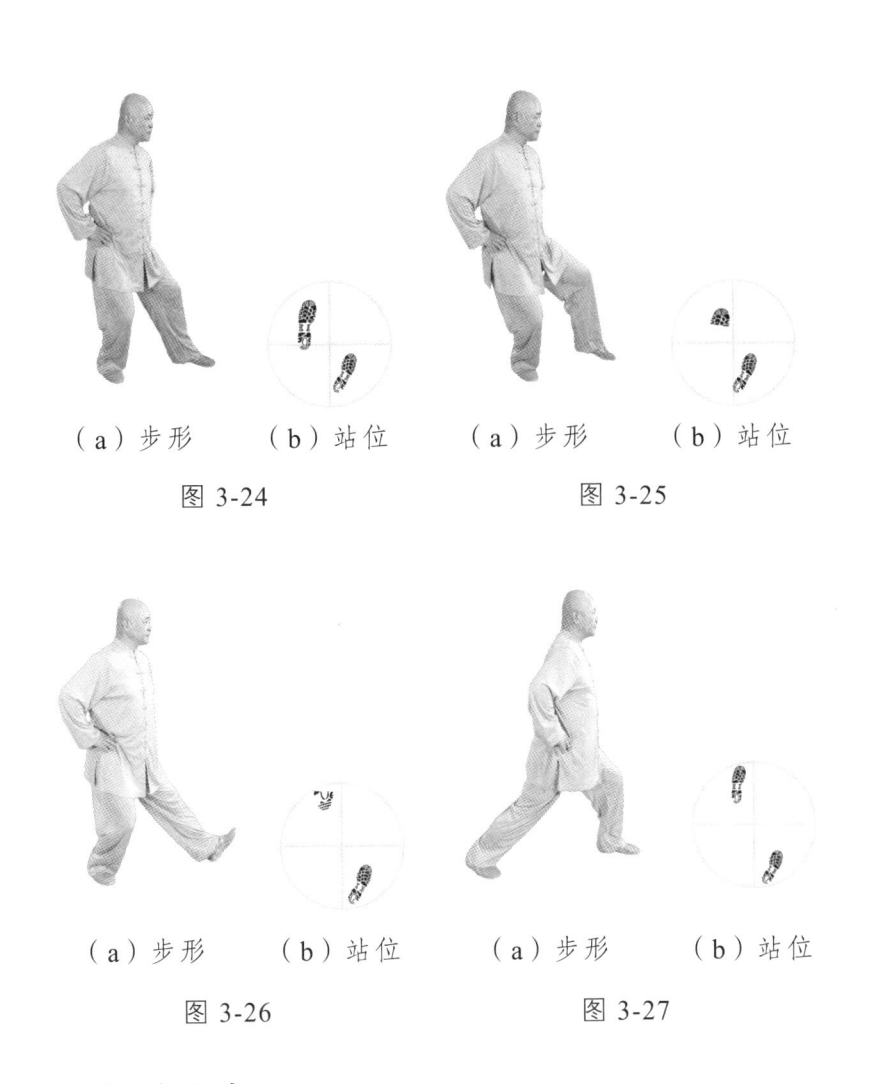

图 3-26　　　　　　　　图 3-27

（四）上步

两脚前后开立时，后脚向前脚前移步称为上步（图 3-28~图 3-31）。

（a）步形　（b）站位　（a）步形　（b）站位

图 3-28　　　　　　图 3-29

上步

（a）步形　　（b）站位　　（a）步形　　（b）站位

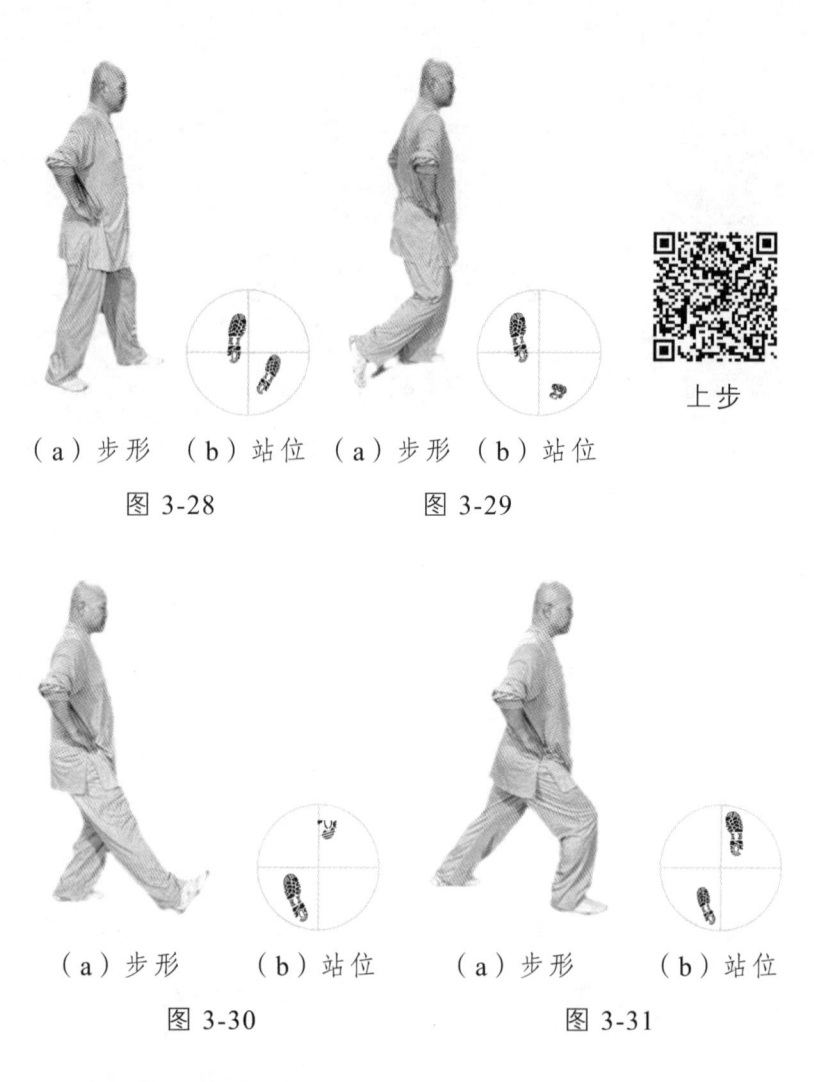

图 3-30　　　　　　　　图 3-31

（五）退步

开立步或并立步站立，一脚向后移步或者两脚前后开立，前脚向后脚后移步，称为退步（图 3-32~图 3-35）。

038

（a）步形 （b）站位　（a）步形 （b）站位

图 3-32　　　　　图 3-33

退步

（a）步形　（b）站位　（a）步形　（b）站位

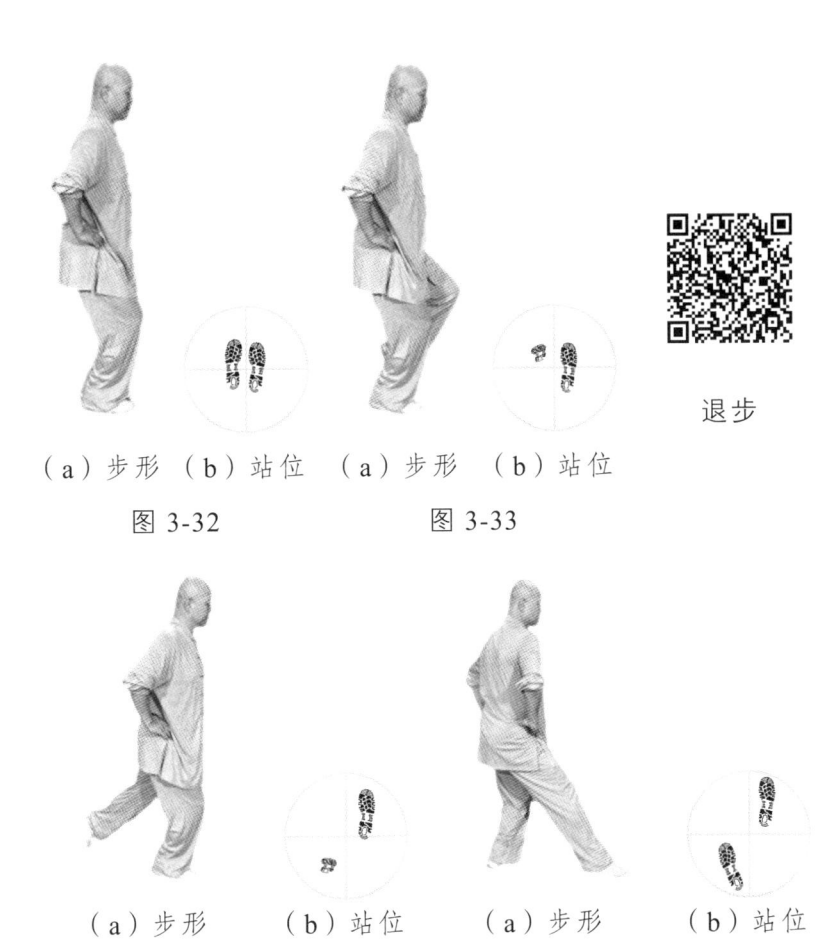

图 3-34　　　　　　　图 3-35

（六）抽步

两脚前后开立，前脚向后脚靠近移步称为抽步（图 3-36~图 3-37）。

抽步

039

（a）步形　　（b）站位　　（a）步形　　（b）站位

图 3-36　　　　　　　　图 3-37

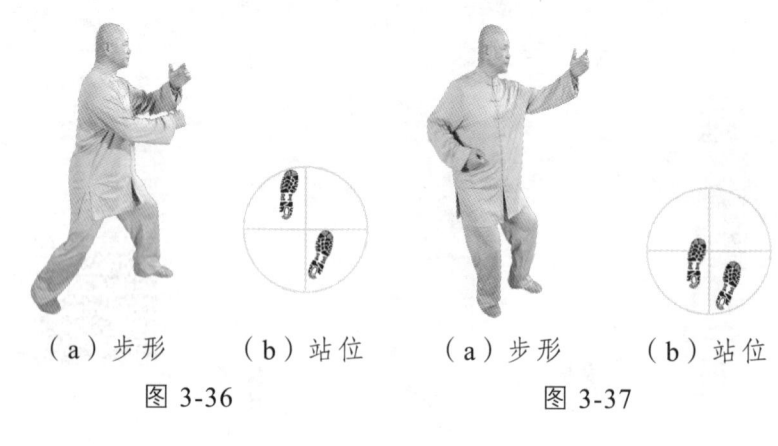

（七）返身步

以右返身步为例：左脚在前两脚前后开立（图3-38），重心前移，右（后）脚掌为轴脚跟充分内收（图3-39）；重心再移向右（后）脚，左（前）脚随髋内合扣脚尖（图3-40）；重心再次回移左脚并向右后转身（图3-41），称为右返身步。反之为左返身步。

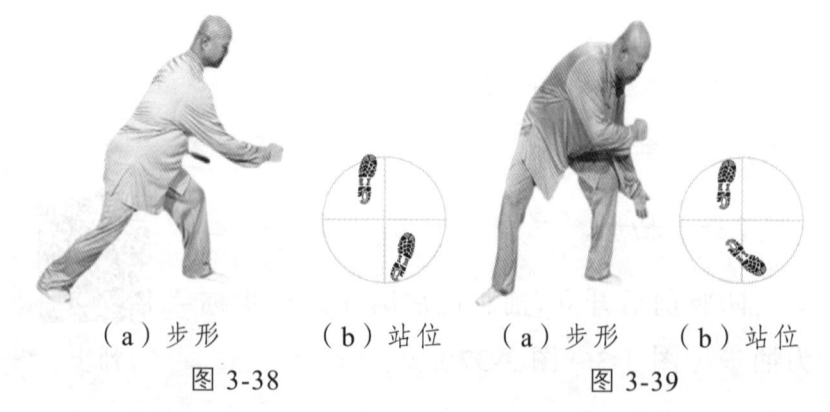

返身步

（a）步形　　（b）站位　　（a）步形　　（b）站位

图 3-38　　　　　　　　图 3-39

（a）步形　　（b）站位　　（a）步形　　（b）站位

图 3-40　　　　　　　　　图 3-41

第二节　济南杨班侯式太极拳的基本手型与手法

一、手型

（一）拳

四指握拢，拇指屈曲贴于中指、食指第二节（图 3-42）。

图 3-42　　图 3-43　　　　　　　　　手型

（二）掌

五指自然分开，掌心微含，虎口撑圆（图 3-43）。

041

（三）勾

捏勾：拇指与食指捏住，其余三指合拢（图3-44）。

採勾：小指、无名指、中指随屈腕依次弯曲，拇指捏在中指第二关节（图3-45）。

凤眼勾：食指屈曲，拇指顶住食指尖，其他三指弯曲合拢（图3-46）。

图3-44　　　　图3-45　　　　图3-46

二、手法

（一）掤手

掤手

掤手是运用掤劲的手法。掤劲是不动用肌肉收缩力量的劲，主要有身体重力、骨结构支撑力和筋腱等软组织的弹性力。常用掤手有如下几种：

（1）弓步腕掤：以左例，从左丁步抱球（图3-47）开始，左脚向前进步成左弓步，左手掌心向内虎口向上，曲臂向前，置于身体正前方，高于肩齐，力点在腕部；右手按于左掌左下一小臂距离处，两臂圆撑。形成以左腕为力点的骨结构支撑。目视前方（图 3-48、图 3-49）。

图 3-47　　　　图 3-48　　　　图 3-49

（2）弓步肘掤：以左例，从左丁步抱球（图 3-50）开始，左脚向前进步成左弓步，左手掌心向内拇指向上，曲臂向前，置于身体正前方，高于胸齐，力点在肘部；右手按于左掌右下一小臂距离处，两臂圆撑。形成以左肘为力点的骨结构支撑。目视前方（图 3-51、图 3-52）。

图 3-50　　　　图 3-51　　　　图 3-52

（3）开立前掤：开立步两臂自然下垂开始，吸气下沉，两臂沉肩垂肘向前平举，力点在手背或腕部（图 3-53~图 3-55）。

图 3-53 　　　　　图 3-54 　　　　　图 3-55

（4）开立侧掤：开立步两臂自然下垂开始，吸气下沉，两臂沉肩垂肘向两侧平举，力点在手背或腕部（图 3-56~图 3-58）。

图 3-56 　　　　　图 3-57 　　　　　图 3-58

弓步腕掤、弓步肘掤感受的是结构支撑力；开立前掤、开立侧掤感受的是重力和弹性力，储备更多重力势能。力点是力的作用点但不是发力部位。

（二）搂手

外搂：以右例，开立步或马步开始

搂手

（图 3-59），右手掌心向下曲臂置于左侧肋前（图 3-60），向右转腰带动右手向右划弧至右肋下（图 3-61~图 3-62）。

图 3-59　　图 3-60　　图 3-61　　图 3-62

内搂：以右例，开立步或马步开始（图 3-63），右手掌心向内曲臂伸向右前（图 3-64），向左转腰带动右手向左划弧至左前方。（图 3-65~图 3-66）

图 3-63　　图 3-64　　图 3-65　　图 3-66

（三）云手

以右例，屈膝开立步开始（图 3-67），向左转腰带动右手向左（图 3-68）向上划弧至左肩（图 3-69）；右手继续沿原弧线向上举，掌心向内掌指向上，同时腰右转带动右臂至右前45°（图 3-70）；腰继续右转，右臂外旋沉肩坠肘立掌于身体右前方，掌指高于眉齐，目视右掌。左手随腰右转向右划弧置于右髋前（图 3-71）。

云手

图 3-67

图 3-68

图 3-69

图 3-70

图 3-71

（四）採手

採手是运用手指的方法。以单鞭採手为例，开立步右手前上举开始（图 3-72），向右转腰，带动右肩沉肘向右下坠，右手随肘下移过程中，小指、无名指、中指依次屈握勾採（图 3-73、图 3-74）。

採手

採手的要点是手指採拿，肘为力点。

图 3-72 　　　　图 3-73 　　　　图 3-74

（五）旋抹手

以右例，两脚开立右手在左腋下开始（图 3-75），腰向右转摧动左臂向右内搂过身体中线（图 3-76、图 3-77）；腰继续右转带动右臂向右外搂至身体右前方（图 3-78、图 3-79）。

旋抹手

旋抹手的要点是腰带动两臂接力旋抹搂带对手，延长做功距离。

047

图 3-75　　　　　图 3-76　　　　　图 3-77

图 3-78　　　　　　　图 3-79

（六）反抽手

以左例，左脚在前开立左手在体前掌心向内开始（图 3-80），左髋带动左脚回收，左手向前弹出，以手指手背向前反抽（图 3-81）。

反抽手

图 3-80　　　　　　　　图 3-81

图 3-82　　　　　图 3-83　　　　　图 3-84

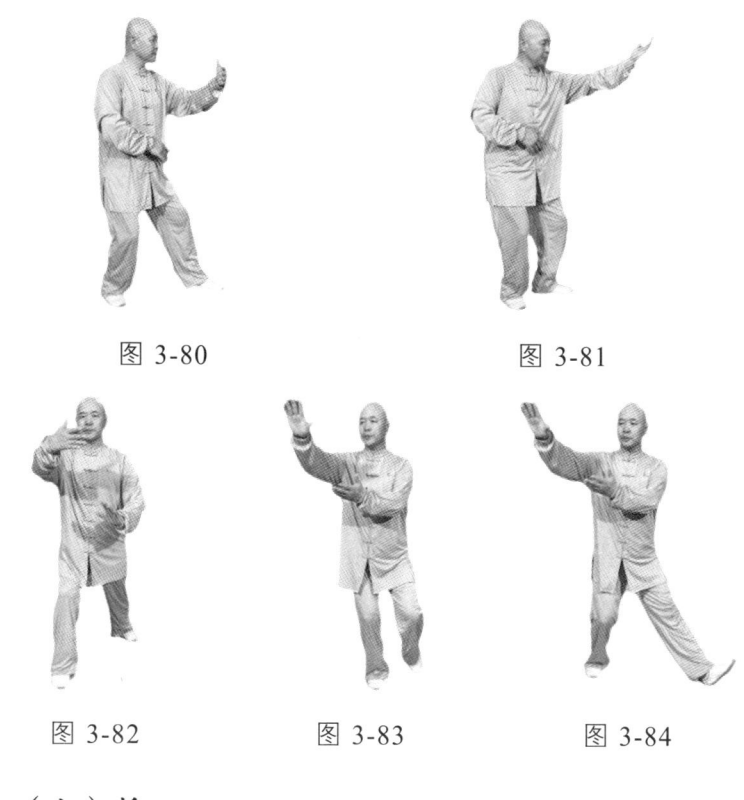

（七）捋

以左捋例，右弓步掤开始（图 3-82），左脚跟进至右脚内侧，两手心斜相对相向合劲（图 3-83），接着左脚向左前进步（图 3-84），重心左移成左弓步带动两臂向左划弧（图3-85），腰向左转带动两臂继续向左前划弧（图 3-86）；右脚跟步，摧动两手继续沿弧线发出（图 3-87）。

捋

捋的要点是两手合住劲用腰腿带动向斜后方引拉。

图 3-85　　　　　图 3-86　　　　　图 3-87

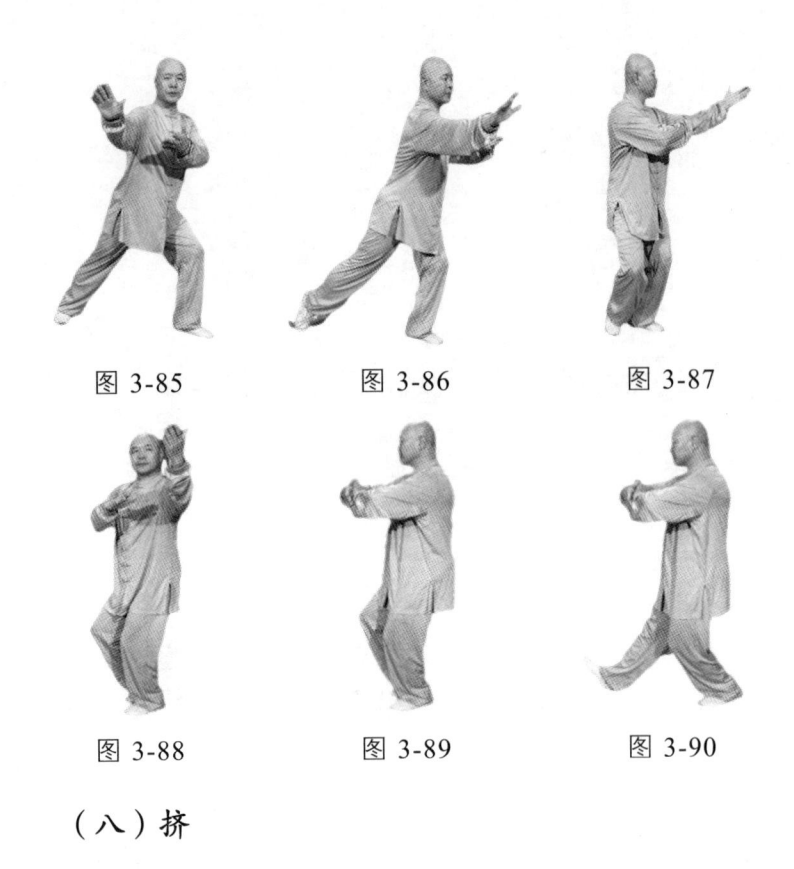

图 3-88　　　　　图 3-89　　　　　图 3-90

（八）挤

以右例，从左捋发放开始（图 3-88），右转腰右臂掌心向内横于体前，左手按在右腕内侧（图 3-89），右脚向前进步（图 3-90）；上体掤住重心前移成右弓步，摧动上体、肩臂向前挤（图 3-91）；左脚跟步继续摧动上体前挤（图 3-92），两臂在上体前移到位将停时向前伸开，手心向下（图 3-93）。

挤

挤的要点是前期柔劲贴紧,身动手不动;后期跟步摧动两手向前蓄力直至发力通透伸开。

图 3-91　　　　图 3-92　　　　图 3-93

(九)单按掌

以右例,从开立步开始(图 3-94),右手提至腮旁(图 3-95),向左转腰摧动右肩、肘、腕、手向前伸出(图 3-96),右臂将至伸直时塌腕立掌,力达掌根(图 3-97)。

单按掌

(a)正　(b)侧　　　(a)正　(b)侧

图 3-94　　　　　　图 3-95

051

（a）正　　　（b）侧　　　（a）正　　　（b）侧

图 3-96　　　　　　　　　图 3-97

单按掌的要点是腰腿发力摧动，指端触及目标时塌腕立掌，力点在掌根。

第三节　济南杨班侯式太极拳的腿法

一、分脚

以左例，从左丁步开始（图 3-98），重心完全落在右髋，两手向内向上划弧十字交叉于胸前，同时高提左膝（图 3-99）；两手继续向上向外划弧，右掌向右后、左掌向左前方拍出，同时控住大腿绷脚尖向左前方踢出（图 3-100），控大腿落小腿（图 3-101）。

分脚与蹬脚

图 3-98　　图 3-99　　图 3-100　　图 3-101

二、蹬脚

以右例，从右丁步开始（图 3-102），重心完全落在左髋，两手向内向上划弧十字交叉于胸前，同时高提右膝（图 3-103）；两手继续向上向外划弧，左掌向左后、右掌向右前方拍出，同时控住大腿勾脚尖向右前方蹬出（图 3-104），控大腿落小腿（图 3-105）。

图 3-102　　图 3-103　　图 3-104　　图 3-105

053

图 3-106 　　　　图 3-107 　　　　图 3-108

三、挂踢

以右例，两臂体前交叉右手在外左脚在前开立步开始（图 3-106），重心移至左腿，左脚向外摆 45°，右脚勾脚向后屈小腿（图 3-107），左手向前上划弧挑掌，右手向右后抹掌，同时摆大腿带小腿向左前挂踢右脚（图 3-108）。

挂踢

四、摆莲脚

以右例，右虚步开始（图 3-109），高提右膝，合右髋（图 3-110），绷脚尖向左前伸开小腿（图 3-111），再向右展大腿带小腿外摆至右前方，同时两手由右向左摆掌迎击右脚背（图 3-112、图 3-113），之后控大腿落小腿（图 3-114）。

摆莲脚

图 3-109　　　　　图 3-110　　　　　图 3-111

图 3-112　　　　　图 3-113　　　　　图 3-114

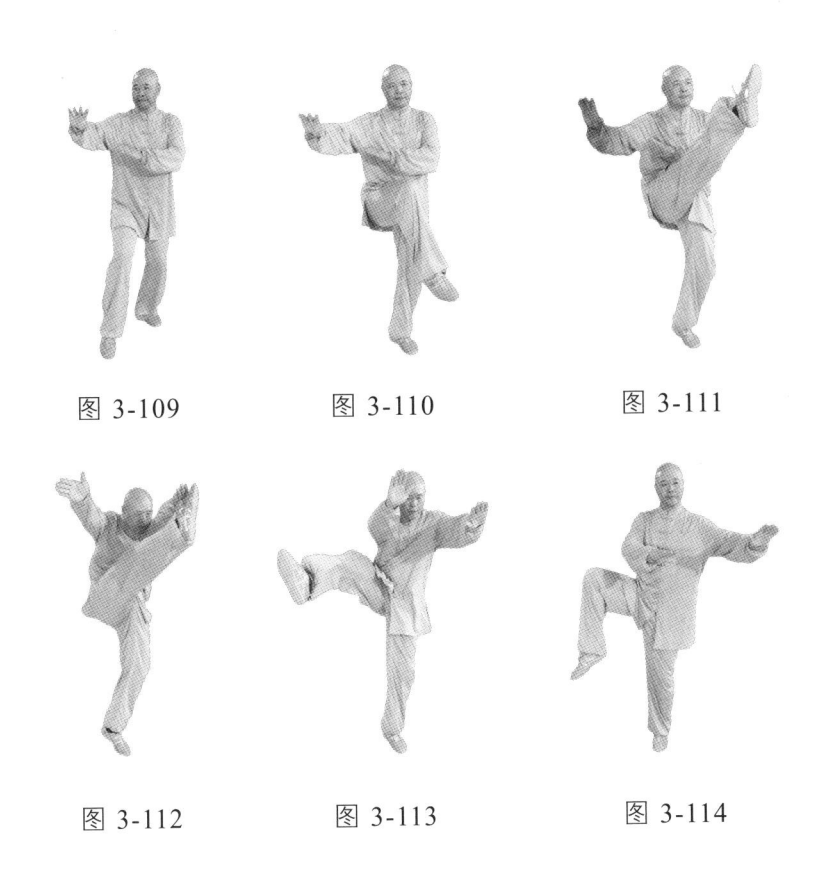

五、二踢脚

以右例，右脚在前开立步开始（图 3-115），跳起左脚前踢（图 3-116、图 3-117），左脚下落同时右脚向前上飞踢（图 3-118），右掌由上向下迎击右脚背（图 3-119），左右脚先后落地屈蹲并立（图 3-120）。

二踢脚

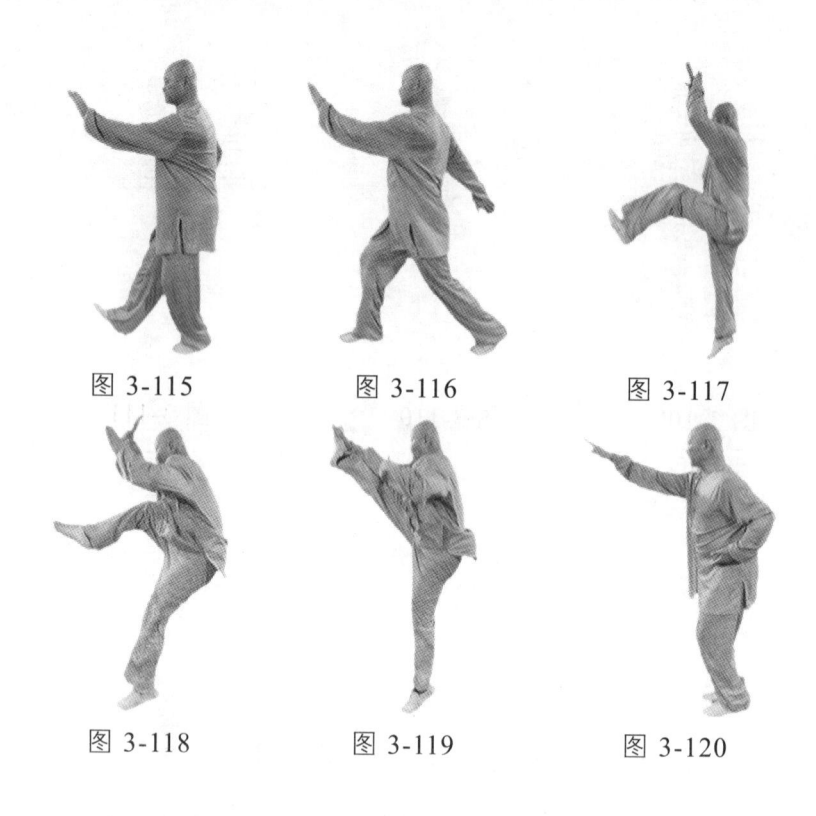

图 3-115　　　　图 3-116　　　　图 3-117

图 3-118　　　　图 3-119　　　　图 3-120

第四节　济南杨班侯式太极拳的几个基本运动概念

一、开合运动

绕垂直轴半径旋转运动称为开合运动，就像门绕门轴开关门一样。以右腿绕脚跟和髋关节形成的纵轴旋转为例，向内旋转称为合（图 3-121~图 3-123），向外旋转称

开合运动

为开（图 3-124~图 3-126）。手臂绕肩关节的开合运动（图 3-127~图 3-129）。

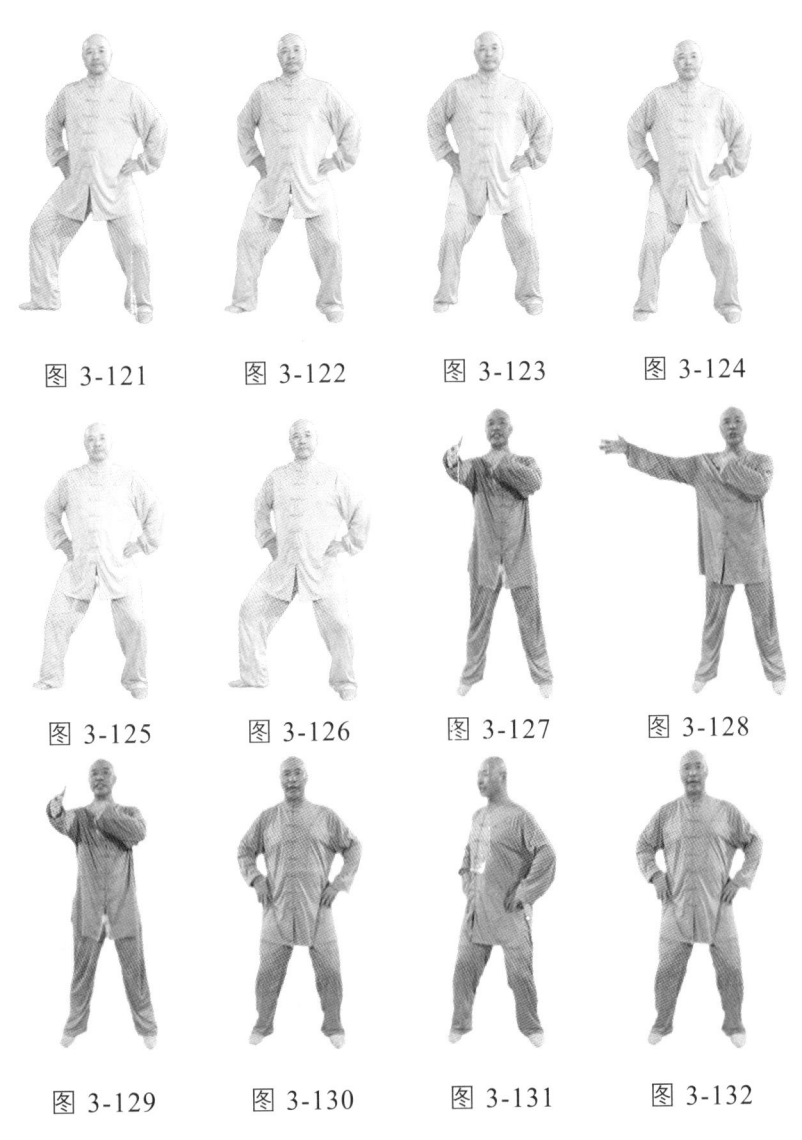

图 3-121　　图 3-122　　图 3-123　　图 3-124

图 3-125　　图 3-126　　图 3-127　　图 3-128

图 3-129　　图 3-130　　图 3-131　　图 3-132

二、旋转运动

绕轴的直径旋转运动，称为旋转运动。如腰绕垂直轴旋转（图 3-130~图 3-134），手臂绕纵轴旋转（图 3-135~图 3-137）等。

旋转运动

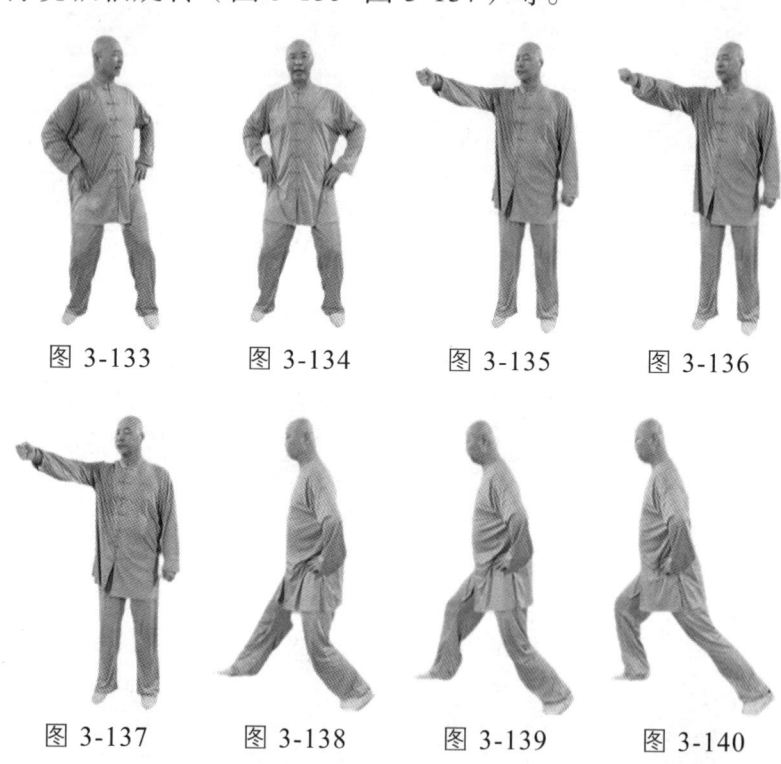

图 3-133　　图 3-134　　图 3-135　　图 3-136

图 3-137　　图 3-138　　图 3-139　　图 3-140

三、平移运动

身体重心在水平面移动，称为平移运动。如坐步变弓步为向前平移运动（图 3-138~

平移运动

图 3-140），弓步变坐步为向后平移运动（图 3-141、图 3-142）。

图 3-141　图 3-142　图 3-143　图 3-144

四、屈伸运动

前臂绕肘关节或小腿绕膝关节的运动称屈伸运动。小腿或前臂开为伸（图 3-143~图 3-146），合为屈（图 3-147~图 3-150）。

屈伸运动

图 3-145 　图 3-146 　图 3-147

图 3-148　　　　图 3-149　　　　图 3-150

第四章

济南杨班侯式太极拳校园传承 22 式的技术图解

第一节 套路动作名称

完整套路演示
——正面

完整套路演示
——背面

完整套路演示
——侧面

完整套路演示
——路线

套路动作名称

第一段	第二段
预备式	
一、起势	十二、野马分鬃
二、揽雀尾	十三、玉女穿梭
三、单鞭	十四、左分脚
四、云手	十五、转身右蹬脚
五、搂膝上步搬拦捶	十六、风摆荷叶
六、如封似闭	十七、进步指裆捶
七、抱虎归山	十八、翻身二踢脚
八、上步肘底捶	十九、退步跨虎
九、倒撵猴	二十、斜身扭月摆莲脚
十、斜飞式	二十一、弯弓射虎
十一、提手	二十二、收势

第二节　招法分解

一、第一段

预备式

两脚并立，两臂自然下垂，目视前方（图4-1）。

图4-1 　　　　　图4-2 　　　　　图4-3

（一）起势

1. 动作步骤

"起势"的动作步骤主要包括：

（1）开立：重心完全移至右脚，右髋松沉，提左膝左脚开立，两脚外缘与肩同宽，目视前方（图4-2）。

（2）侧掤：两臂侧平举（图4-3）。

（3）右转：腰右转带动右脚外摆，左手向下向内掩手至裆前，掌心向内，右手上举掌心向外（图4-4）。

（4）左转：重心移向右脚，以右髋为轴左转，带动右臂向身体中线内合，格掌至额前，掌心向外，收左脚成左丁步，正面向前（图4-5）。

（5）虚步：左脚进步，脚跟触地成左翘脚虚步，同时左手上托，右肘下沉，目视前方（图4-6）。

图4-4 　　　　　图4-5 　　　　　图4-6

2. 动作要点

"起势"的动作要点主要包括：

（1）左脚开立前，重心先完全落在右脚，右髋沉实。

（2）两臂侧平举时，要沉肩放松，感受手臂重力。

（3）右脚与两臂动作由腰带动，两臂划弧同时稍内旋，左臂力点在前臂桡侧，右手力点在虎口。

3. 易犯错误与纠正方法

"起势"的易犯错误与纠正方法主要包括：

（1）右转时腰右转和右脚外摆不同步，或右脚未外摆。纠正方法：先使右髋松开右脚尖掀起，再右转腰带动脚外摆。反复练习。

（2）虚步虚腿膝关节挺直。纠正方法：支撑腿坐髋，收腹敛臀，虚腿不用力，膝关节上隆。

（二）揽雀尾

1. 动作步骤

"揽雀尾"的动作步骤主要包括：

揽雀尾

（1）扣脚前送：接上动，左脚内扣45°，重心向前移至左脚，右臂随身体前伸（图4-7）。

（2）右转抱球：重心完全移至左腿后，以左髋为轴向右转 90°，右臂随之向右划平弧至右前方后向下划弧（图 4-8），左手反掌变为手心向下，同时收右脚成右丁步抱球状（图 4-9）。

图 4-7　　　　　图 4-8　　　　　图 4-9

（3）进步右掤：右脚向前进步脚跟触地，右手向前上划弧掌心向内虎口向上，左手下按（图4-10），重心向

064

前平移成右弓步，右手随势前掤，力点在右腕，高于肩平，左手下按至右手左下一小臂处（图4-11）。

（4）跟步掤发：左脚跟步摧动右臂内旋前按，左手随右手合按（图4-12）。

图 4-10　　　　图 4-11　　　　图 4-12

（5）上步挒：左脚继续向前收至右脚内侧然后向左前上步，脚跟落地（图4-13），重心向左腿平移并左转腰，上体及两臂两手合住劲随转腰向左挒（图4-14）。

（6）跟步挒发：右脚跟步摧动腰继续左转，两手左后挒出（图4-15）。

图 4-13　　　　图 4-14　　　　图 4-15

（7）上步右挤：腰右转，右前臂横在提前掌心向内虎口向上，左手曲前臂手按至右前臂内侧，右脚收至左脚内侧再向前上步脚跟触地（图 4-16），重心前移成右弓步（图 4-17）。

图 4-16 　　　　　图 4-17

（8）跟步挤发：左脚跟步摧动两臂向前伸开，掌指向前掌心向下（图 4-18）。

（9）回坐采按：重心回移至左腿，成右虚步，两手下按至髋前（图 4-19）。

图 4-18 　　　　　图 4-19

（10）进步双按：右脚进步脚跟触地（图 4-20），重心前移成右弓步（图 4-21），合右髋，两手向前按出（图 4-22）。

图 4-20　　　　　图 4-21　　　　　图 4-22

2. 动作要点

"揽雀尾"的动作要点主要包括：

（1）第1、2动是揽雀尾动作的准备动作，手臂前伸右转划弧是肩臂合住劲用腰腿摧动。

（2）第3、4动是"掤"，掤手时，两臂撑圆，形成骨结构支撑，腰腿摧动前掤，跟步按发。

（3）第5、6动是"捋"，开始通过身体重心移动牵动双手向左后捋，然后转腰柔劲继续捋动，最后跟步摧动向左后捋发。

（4）第7、8动是"挤"，腰腿摧动右臂向前挤时要放松，左脚跟步两臂向前时有发力意识。

（5）第9、10动是"按"，重心回移时手臂不动，回移到位后，松腰沉髋沉肩坠肘按掌；进步后推按时，先腰髋前送然后两臂前按。

3. 易犯错误与纠正方法

"揽雀尾"的易犯错误与纠正方法主要包括：

（1）捋时，跟步与左转腰捋动作不协调而断劲。纠正方法：左脚上步后移重心牵动两手捋时不转腰肢平移，左转腰捋与跟步同步。反复练习。

（2）前按时，手臂先动导致掤劲丢失。纠正方法：重心前移时控上肢不动，腰髋前送后再放开上肢动作。

（三）单鞭

1. 动作步骤

"单鞭"的动作步骤主要包括：

（1）左转：接上动，左脚跟回带，重心左移以左髋为轴向左转体，左臂随身体左转划平弧，右臂下落至左髋，目视左掌（图4-23）。

（2）右转：左手向下按落，右手向上穿举（图4-24），同时腰右转，左手随转体移至右髋前（图4-25），转过身体中线后右臂内旋，掌心向外，目视右手（图4-26）。

（3）勾採：沉肩收肘（图4-27），腰微右转右手採勾至右肋下,目视右手(图4-28)。

(4)击打:重心完全移至右髋,腰左转,提左膝,摧动右手变凤眼勾向右前上方击出,目视右手(图4-29)。

图 4-23　　图 4-24　　图 4-25　　图 4-26

图 4-27　　图 4-28　　图 4-29　　图 4-30

(5)侧蹬:腰左转,右手变捏勾,目视左前方(图4-30),向左前蹬脚(图4-31),控住大腿小腿屈落(图4-32)。

图 4-31　　　　　图 4-32　　　　　图 4-33

图 4-34　　　　　图 4-35　　　　　图 4-36

（6）单鞭：左脚左前落地（图4-33），左手上举内旋同时左转腰（图4-34），合右胯右脚捻转，重心左移成左弓步（图4-35），左臂沉肩垂肘向前按掌，目视左掌（图4-36）。

2. 动作要点

"单鞭"的动作要点主要包括：

（1）第1动要点是左臂掤住不动，以身带臂。

（2）第2动要点是右臂上举与腰同时右转，右臂随右转同时逆时针自转，翻掌至掌心向外。

（3）第3动採勾手要点是收肘带手屈腕，小指、无名指、中指依次屈握。

（4）第4动要点是转腰提膝的力量通过骨结构传至右手食指第二节。

（5）第5动蹬左脚时注意左转腰左胯外展侧蹬脚。

（6）第6动左脚落地点要偏外一点；左手上举与转腰要同步；转腰完成后蹬捻右脚合髋落左臂弓步按掌节节贯穿。

3. 易犯错误与纠正方法

"单鞭"易犯错误与纠正方法主要包括：

（1）左转时，左臂掤不住。纠正方法：左转时，左肩左臂合住劲不动，通过转身摧动。

（2）第6动单鞭时，以肩为轴的手臂立圆和腰为轴的身体平圆不协调、不同步。纠正方法：左臂上举后再边转身边下落左臂向前方劈打。

（3）弓步后脚方向错误。纠正方法：强调转腰合胯捻脚动作，并反复练习。

（四）云手

1. 动作步骤

"云手"的动作步骤主要包括：

云手

（1）右转：接上动，回带右脚跟，重心右移腰向右转，同时，左臂下落随右转至右髋，掌心向内，右勾手变掌，掌心向外（图4-37）。

图4-37　　　图4-38　　　图4-39　　　图4-40

（2）左云手：左手掌心向内上举过头，右掌掌心向外下按至右髋旁（图4-38），同时腰左转，转至身体中线时左臂开始沉落并内旋（图4-39），直至转向左前方，右手随左转移至左髋前，右脚并步，左掌掌心向外立掌，指尖高于鼻尖齐，目视左掌（图4-40）。

（3）右云手：右手掌心向内上举过头，左掌掌心向外下按至左髋旁（图4-41），腰右转，转至身体中线时右臂开始沉落并内旋（图4-42），直至转向右前方，左手随右转移至右髋前，右掌掌心向外立掌，指尖高于鼻尖齐，目视右掌（图4-43）。

图 4-41　　　　　图 4-42　　　　　图 4-43

2. 动作要点

"云手"的动作要点主要包括：

（1）第1动要点是臂随身动。

（2）第2、3动要点是腰部平圆运动与云手手臂以肩为轴的立圆运动以及手臂内旋自转要协调、同步。

3. 易犯错误与纠正方法

"云手"的易犯错误与纠正方法主要包括：

（1）云手过程中的腰平圆、臂立圆、手臂内旋自转不协调，断劲。纠正方法：先沉肩立掌上举，再转腰带臂平转，转至身体中线再内旋自转。反复练习。

（2）掤劲丢失。纠正方法：动作过程中，始终感受手臂与上体的重力，手臂内旋自转后强调沉肩坠肘下落。

（五）搂膝上步搬拦捶

1. 动作步骤

"搂膝上步搬拦捶"的动作步骤主要包括：

（1）转身：接上动，重心移至右脚，轻提左膝以右髋为轴向左转 90°，右手曲臂到耳旁，向左前平视（图 4-44）。

（2）搂按：左脚进步，重心左移，左手随腰左转搂手至左膝上，右手随转体前按至右腮前，目视前方（图 4-45）。

（3）蹬踩扳：右脚蹬地合髋前送摧动右掌继续前按（图 4-46），重心移至左脚后，右脚上步蹬踩，同时右手内旋收肘掌心向外，左手外旋上托，目视前方（图 4-47）。

图 4-44　　图 4-45　　图 4-46　　图 4-47

（4）拦：右脚落地，重心前移至右脚，右髋沉实，右手变拳收至腰间，拳心向上，左手按在腹前，掌心向下，目视左手（图 4-48）。

（5）捶：左脚上步，重心前移，右脚蹬地合胯，摧动右手从左手上方向前立拳打出（图 4-49），重心前移至左脚后右脚跟步，目视右拳（图 4-50）。

图 4-48　　　　图 4-49　　　　图 4-50

2. 动作要点

"搂膝上步搬拦捶"的动作要点主要包括：

（1）第 1 动要点是骨结构支撑，以右髋为轴转动带动肢体完成动作。

（2）第 2 动要点是以左髋为轴腰左转右腿蹬摧动两臂动作，两臂合住劲不主动。

（3）第 3 动要点是还是以左髋为轴，向右转带动右脚蹬踩、双手回捋，腿蹬手捋要同步。

（4）第4动要点是以右髋为轴转体带动。

（5）第5动要点是右脚蹬地、合胯、跟步动作要相连不断，一气呵成，摧动右拳捶打。

3. 易犯错误与纠正方法

"搂膝上步搬拦捶"的易犯错误与纠正方法主要包括：

（1）搂按过度，就是左搂右按动作幅度过大，招法用老了。纠正方法：搂按用上步转腰带动，手臂不主动前按，强调招不用老。

（2）捶时腰腿力量跟不上导致断劲。纠正方法：捶打时，握好拳，手臂不动，腰腿催之，右脚跟步后，再放开手臂动作向前捶击。反复练习，体会"起于跟，发于腿，主宰于腰，形于稍"的发力规律。

（六）如封似闭

1. 动作步骤

"如封似闭"的动作步骤主要包括：

（1）回坐：接上动，重心完全回移右脚跟落地踏实，随之腰微右转右拳回收，成左虚步，目视前方（图4-51）。

如封似闭

（2）封：右拳变掌，两手翻转手心向上，回落至两髋前；目视前方（图4-52）。

图 4-51 　　　　　　图 4-52

（3）闭：左脚进步，两手内旋翻掌移至胸前（图4-53），重心前移，右脚蹬地成左弓步（图4-54），合右髋两掌向前按出，目视前方（图4-55）。

图 4-53 　　　　图 4-54 　　　　图 4-55

2. 动作要点

"如封似闭"的动作要点主要包括：

（1）第1动要点是含胸拔背松腰敛臀，重心回移力达右脚跟。

（2）第2动要点是腰微左转，敛臀圆背，肘合手开。

（3）第3动要点是进步合掌时保持含胸拔背，合胯前按时背往后撑。

3．易犯错误与纠正方法

"如封似闭"的易犯错误与纠正方法主要包括：

（1）回坐时，手臂主动收回。纠正方法：回坐时，手臂合住肩肘随身体被动回收，强调合住肩臂。

（2）封时缺少外撑的掤劲。纠正方法：两手外旋收肘回落时，增加两手背黏贴对手的粘劲意念。

（七）抱虎归山

1．动作步骤

"抱虎归山"的动作步骤主要包括：

抱虎归山

（1）左抱搂：接上动，回带右脚跟，重心向右脚移，腰右转带动左手向右平搂，右手握拳收至右肋下，拳心向上，目视左掌（图4-56、图4-57）。

图 4-56　　图 4-57　　图 4-58　　图 4-59

（2）右抱搂：重心完全移向右脚，右腿蹬伸独立，

078

提左膝，以右髋为轴左转身，带动右手向左抱搂，右拳不变，立拳与肩同高，左手向下向内划弧托抱于右肋下，掌心向上，目视左前方（图4-58、图4-59）。

2. 动作要点

"抱虎归山"的动作要点主要包括：

（1）第1动要点是右移重心，利用重力牵拉左臂抱搂。

（2）第2动要点是先落实右髋蹬伸上领，再提膝左转带右臂向左抱搂。

3. 易犯错误与纠正方法

"抱虎归山"的易犯错误与纠正方法主要包括：

（1）左搂抱时，左手主动搂抱。纠正方法：重心右移带动左臂搂抱时，左肩肘合住劲，随身体被动而不主动动作。

（2）右搂抱时，右臂提前用力导致断劲。纠正方法：强调左转腰后，再放开手脚动作。

（八）上步肘底捶

1. 动作步骤

上步肘底捶

"上步肘底捶"的动作步骤主要包括：

（1）落脚接手：接上动，左脚向前落下，脚跟触地，右拳落下变掌（图4-60），两手向左、上划弧，右掌立于左肩前掌心向左，左掌立于右掌前，掌心向右前，目视前方（图4-61）。

图 4-60　　图 4-61　　图 4-62　　图 4-63

（2）蹬踩回挎：重心前移，右手收肘内旋，左手外旋上托（图4-62），重心完全移至左脚后，起右脚向前蹬踩，目视前方（图4-63）。

（3）上步肘底捶：重心前移右脚落地，右髋沉实，右掌收至腰间（图4-64），左脚上步，向左微转腰，左手左上划弧稍内旋，右手握拳（图4-65），右脚蹬地合胯成左弓步，摧动右拳向前立拳打出，目视前方（图4-66）。

图 4-64　　图 4-65　　图 4-66

2. 动作要点

"上步肘底捶"的动作要点主要包括：

（1）第1动要点是双手划弧要由下向左向上绕过身体中线接手，两臂放松随腰而动。

（2）第2动要点是先顺势回捋然后再上步蹬踩，上下相随。

（3）第3动要点是左手内旋向左上捋按、右手冲拳都由腰转带动。

3. 易犯错误与纠正方法

"上步肘底捶"的易犯错误与纠正方法主要包括：

（1）肘底捶左掌向上、向外掤按动作缺少掤劲。纠正方法：从前一动回捋，左手肩肘合住劲，重心前移和左转腰摧动左臂动作，在动作后段左手微内旋。反复练习，体会掤劲。

（2）右腿合胯捻脚动作丢失。纠正方法：强调重心前移到位后弓步后腿的合胯捻脚。

（九）倒撵猴

1. 动作步骤

"倒撵猴"的动作步骤主要包括：

倒撵猴

（1）反抽手：接上动，重心回移，左脚抽步，右拳收回右肋下，同时左手向前反抽，目视前方（图4-67）。

（2）右穿掌：腰向左转，左手回收至左肋下，掌心向上，右拳变掌向前穿掌，掌心向上，高与颈齐，目视前方（图4-68）。

图 4-67　　　图 4-68　　　图 4-69　　　图 4-70

（3）左推掌：腰继续左转，左手向左后、上划弧至耳旁（图4-69）；腰右转，右手回收至右肋下，掌心向上，左掌同时向前按出，目视前方（图4-70）。

（4）右拍掌：腰继续右转，右手向右后、上划弧上举（图4-71、图4-72）；左脚退步，重心后移至左脚，左手收至左肋下，掌心向上，同时右手向前拍下，高与顶平，目视前方（图4-73、图4-74）。

2. 动作要点

"倒撵猴"的动作要点主要包括：

（1）第1动要点是抽步与反抽手要同步。

图 4-71 　　　　　　　图 4-72

图 4-73 　　　　　　　图 4-74

（2）第2动要点是左手回撤与右穿掌同步。

（3）第3动要点是左手以肘为轴划圆弧再向前按掌。

（4）第4动要点是转腰带肩、肘鞭打下拍。

3. 易犯错误与纠正方法

"倒撵猴"的易犯错误与纠正方法主要包括：

（1）反抽手动作上下不协调或丢失左脚抽步。纠正方法：先抽步再反抽手，反复练习后逐渐同步。

（2）右拍掌直臂拍落。纠正方法：将控制点放在肘部，前臂由肘带动被动拍落。

（十）斜飞式

1. 动作步骤

"斜飞式"的动作步骤主要包括：

（1）右开步：接上动，右手回落收至左髋旁，左手内旋翻掌掌心向下，两手成抱球状（图4-75）；右脚向右前开步，脚尖向右前方；重心留在左脚不变，目视右前方（图4-76）。

（2）肩背靠：重心移至右脚，摧动上体右移，力点在右肩背面，目视左前方（图4-77）。

（3）展臂捯：向右转腰，左掌向下、向后捋按，右臂以肩为轴向右前上方展开，右掌掌心向上，高过眼眉，目视右掌（图4-78）。

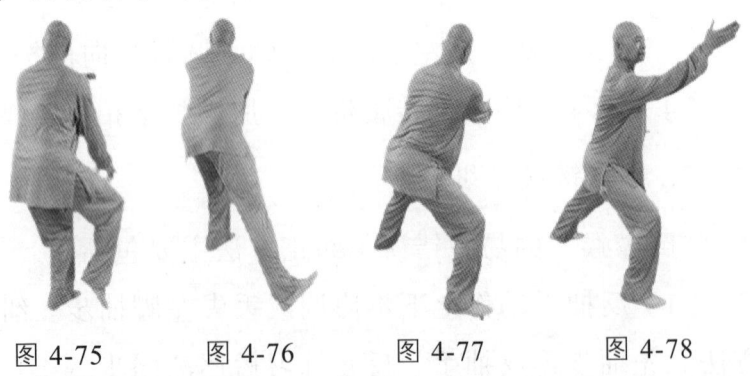

图4-75　　图4-76　　图4-77　　图4-78

2. 动作要点

"斜飞式"的动作要点主要包括：

（1）第1动要点是开步时右脚尖外展，重心留在左脚。

（2）第2动要点是重心右移时上体合住劲，力点在右肩背面。

（3）第3动要点是与上动相连不断。

3. 易犯错误与纠正方法

"斜飞式"易犯错误与纠正方法主要包括：

（1）右开步重心留不住。纠正方法：强调左腿支撑。

（2）靠挒动作不连贯。纠正方法：先靠再挒多次重复练习，先分两动练习，再连成一动练习。

（3）虚实转换错误，双重。纠正方法：按顺序完成动作，开步后，先右脚外摆到位→移重心→肩背靠→合左脚→右臂挒，反复练习直至浑然一体，一气呵成。

（十一）提手

1. 动作步骤

"提手"的动作步骤主要包括：

（1）右合：接上动，身体左侧不动，右腿、右臂以脚跟、右髋为轴内合 45°，重心在左腿（图 4-79）。

（2）左合：身体右侧不动，左腿、左臂内收，重心完全落在右腿，右髋沉实（图4-80）。

（3）下捋：以右髋为轴，身体左转（图4-81），两手向下捋至髋两侧（图4-82）。

图4-79　　　图4-80　　　图4-81　　　图4-82

（a）正　　（b）侧

图4-83　　　图4-84

图4-85

（4）提手：提左膝，右手附与左肘内侧，左手捏勾上提，目视前方（图4-83）。

（5）落按：左脚落下脚跟触地，成左翘脚虚步，两臂沉肩坠肘，左勾变掌（图4-84），两臂前按，背往后撑，目视前方（图4-85）。

2. 动作要点

"提手"的动作要点主要包括：

（1）第1动要点是右髋松透，重心落在右脚跟，右腿、右臂内合，躯干和左侧肢不动。

（2）第2动要点是右侧肢体不动，仅内收左臂、左腿。

（3）第3动要点是以右髋为分界点，右腿不动，身体左转，两臂以重力下捋。

（4）第4动要点是提膝与提手动作要同步。

（5）第5动要点是落脚与落手动作同步，落手要沉肩、坠肘、手向下劈打再向前撑按依次连续完成。

3. 易犯错误与纠正方法

"提手"的易犯错误与纠正方法主要包括：

（1）右合时，合脚角度不到位。纠正方法：强调合脚135°，从斜角方向至正方向。

（2）左合时重心回坐右腿膝关节方向与脚尖方向不一致。纠正方法：强调控制右膝与脚尖方向保持一致。

（3）下捋、提手、落按动作不连贯。纠正方法：强调下捋与提手弧线连接，落按强调松沉对撑。

二、第二段

（一）野马分鬃

1. 动作步骤

野马分鬃

"野马分鬃"的动作步骤主要包括：

（1）丁步抱球：接上动，左脚收回成左丁步，同时左手弧线收回至右髋前，掌心向上，右手收肘再向外划平弧手心向下，两手成抱球状，目视左前方（图4-86）。

（2）左脚开步：左脚向左开步，脚跟触地，脚尖向左，目视左前方（图4-87）。

（3）左肩靠挤：左脚掌落实，重心左移，摧动上体向左平移，力点在左肩（图4-88）。

图4-86　　　图4-87　　　图4-88　　　图4-89

（4）左转捯按：腰向左转带动左臂向左平捯至虎口向前，高与肩平（图4-89），继续左转腰，右髋合胯捻脚成左弓步，左臂内旋按于偏左正前，右手下按于右髋旁，目视前方（图 4-90）。

2. 动作要点

"野马分鬃"的动作要点主要包括：

（1）第 1 动要点是以右髋为核心，左转腰带动。

（2）第 2 动要点是左脚开步时，重心留在右腿。

图 4-90

（3）第 3 动要点是上体合住劲，将力量传递到肩部。

（4）第 4 动要点是捯到左前 45°，合右髋左转腰手臂内旋左下按。

3. 易犯错误与纠正方法

"野马分鬃"的易犯错误与纠正方法主要包括：

（1）丢失靠挤动作。纠正方法：强调左移重心时肩臂合劲从动。

（2）捯变按时手臂断劲。纠正方法：强调手臂被动，转腰带肩、带肘，再手内旋左下按。

(二) 玉女穿梭

1. 动作步骤

"玉女穿梭"的动作步骤主要包括：

玉女穿梭

（1）右手接肘：接上动，右手沿体前经左肘下穿掌至左肘外侧（图 4-91）。

（2）左右换手：重心前移，右脚收至左脚内侧，收左肘举右手，左手收至左肋下，右手上举至头上，掌心向内（图 4-92）。

（3）右脚上步：右脚右前上步，左手变拳（图 4-93）。

（4）玉女穿梭：重心向右脚移成右弓步，随重心移动向右转腰，左拳随转腰弧线立拳打至身体中线，右掌旋至掌心向上，目视右前方（图 4-94）。

图 4-91　　　图 4-92　　　图 4-93　　　图 4-94

2. 动作要点

"玉女穿梭"的动作要点主要包括：

（1）第 1、2 动要点是右手贴手臂扶肘时，左肘微内收，随右脚上步左转腰收左肘右手内旋上举。

（2）第 3、4 动要点是右脚上步、重心右移、身体右转、弧线打拳动作要相连不断。

3. 易犯错误与纠正方法

"玉女穿梭"的易犯错误与纠正方法主要包括：

（1）换手时动作生硬。纠正方法：右掌在左肘内收时接手上穿，柔化中换手。

（2）右转腰与右臂内旋、左拳掼打不协调。纠正方法：强调腰为主宰，右转腰带动右臂、左臂完成动作。

（3）左脚脚尖方向错误。纠正方法：强调动作后期的合左胯捻脚，使脚尖合至45°。

（三）左分脚

1. 动作步骤

"左分脚"的动作步骤主要包括：

（1）重心前移：接上动，重心右移收左脚至右脚内侧，成左丁步，左拳变掌两手落下，置于髋侧（图4-95）。

（2）提膝合臂：重心完全落在右髋，两手向内向上划弧左手在外右手在内十字交叉于胸前，同时高提左膝（图4-96）。

（3）分掌弹踢：两手继续向上向外划弧，右掌向右后、左掌向左前方拍出，同时控住大腿绷脚尖向左前方踢出（图4-97）。

（4）控腿落脚：左腿控大腿落小腿，其他部位不动，目视左手方向（图 4-98）。

图 4-95　　图 4-96　　图 4-97　　图 4-98

2．动作要点

"左分脚"的动作要点主要包括：

（1）第 1 动要点是以右髋为核心收左腿，落两手。

（2）第 2 动要点是先右腿蹬伸立直带动提膝合臂，右髋松沉。

（3）第 3 动要点是弹踢要有清晰的力点。

（4）第 4 动要点是控大腿。

3．易犯错误与纠正方法

"左分脚"的易犯错误与纠正方法主要包括：

（1）弹踢和拍掌方向错误。纠正方法：强调弹踢方向为左前斜方向，左手拍打方向与弹踢方向一致。

（2）弹踢力点不清。纠正方法：先假想目标位置，再求力达脚尖。

（3）控不住大腿。纠正方法：合住髋，屈伸小腿。增加控腿练习，训练提高四头肌和髂腰肌力量。

（四）转身右蹬脚

1. 动作步骤

"转身右蹬脚"的动作步骤主要包括：

（1）落脚合髋：接上动，左脚落地合胯脚跟外摆，两臂落下置于髋旁（图4-99）。

（2）转身落手：左脚落实，以左髋为轴右转，活右脚成右丁步，两手交叉于腹前（图4-100）。

（3）提膝合臂：提右膝，两手向上交叉于胸前，右手在外，目视右前方（图4-101）。

（4）分掌蹬脚：两手向上、向外划弧，左掌向左后、右掌向前方拍出，同时控住大腿勾脚尖向前方蹬出，目视前方（图4-102）。

图4-99　　图4-100　　图4-101　　图4-102

（5）控腿落脚：控大腿落小腿，其它部位不动，目视前方（图4-103）。

2. 动作要点

"转身右蹬脚"的动作要点主要包括：

（1）第1动要点是左脚落地时先合髋，落在右脚正前一脚距离处。

（2）第2、3动要点是以左髋为核心，核心不动。

图4-103

（3）第4动要点是蹬脚要有力点，右手拍按方向与右脚方向一致。

（4）第5动要点是控大腿，小腿、踝关节放松。

3. 易犯错误与纠正方法

"转身右蹬脚"的易犯错误与纠正方法主要包括：

（1）蹬踢和拍掌方向错误。纠正方法：强调蹬踢方向为正前方向，右手拍打方向与蹬踢方向一致。

（2）蹬踢力点不清。纠正方法：先假想目标位置，再求力达脚跟。

（3）控不住大腿。纠正方法：合住髋，屈伸小腿。增加控腿练习，训练提高四头肌和髂腰肌力量。

(五)风摆荷叶

1. 动作步骤

"风摆荷叶"的动作步骤主要包括:

(1)落脚右转:接上动,右脚落下,脚跟触地(图4-104),重心前移,腰向右转带动右脚,以脚跟为轴外摆,脚外侧触地(图4-105);左脚随重心前移掀起脚跟,合左髋左膝贴紧右膝后侧,脚跟外摆;两臂随右转腰向右划弧,右手在右肋前掌心向外,左手体前掌心斜向上,两手相距一小臂的距离(图4-106)。

(2)歇步大捋:屈膝下蹲成右歇步,随重心下沉继续右转腰,右手在右髋旁,左手在右膝前,目视左手(图4-107)。

图 4-104　　图 4-105　　图 4-106　　图 4-107

2. 动作要点

"风摆荷叶"的动作要点主要包括:

（1）第1动要点是随右转右脚尖外摆，左脚跟外摆，两腿大腿内侧贴紧。

（2）第2动要点是两手合住劲边转腰边下蹲。

3. 易犯错误与纠正方法

"风摆荷叶"的易犯错误与纠正方法主要包括：

（1）左膝不能置入右腿下。纠正方法：调整增加两脚距离和左腿右转角度。

（2）歇步站立不稳。纠正方法：下蹲时，两大腿贴紧合住劲，右腿支撑，左腿控劲。

（六）进步指裆捶

进步指裆捶

1. 动作步骤

"进步指裆捶"的动作步骤主要包括：

（1）起身上步：接上动，起身（图4-108），重心完全移向右脚，左脚上步（图4-109）。

图4-108 　　　　图4-109 　　　　图4-110

（2）左搂右打：重心前移同时向左转腰（图4-110），带动左手搂手至左髋旁，掌心向下，右手向前冲拳略高于左膝，目视右拳（图4-111）。

2. 动作要点

"进步指裆捶"的动作要点主要包括：

（1）第1动要点是分清虚实，左脚上步后重心偏后。

（2）第2动要点是重心前移是搂手的主要力量来源，右脚蹬地合髋是冲拳的主要力量来源。

图4-111

3. 易犯错误与纠正方法

"进步指裆捶"的易犯错误与纠正方法主要包括：拳击位置过高。纠正方法：强调拳击高度与左膝同高。

（七）翻身二踢脚

1. 动作步骤

"翻身二踢脚"的动作步骤主要包括：

（1）脚跟回带：接上动，右脚脚跟回带左手托抱在右拳下方（图4-112）。

翻身二踢脚

（2）斜身合脚：重心右移，向右倾斜身体，左腿合

097

胯扣脚135°，肩臂合住劲经上向右划弧（图4-113）。

（3）回坐单按：重心回移至左脚，右脚脚尖翘起，同时右拳收回腰间，左掌向前单按，目视前方（图4-114）。

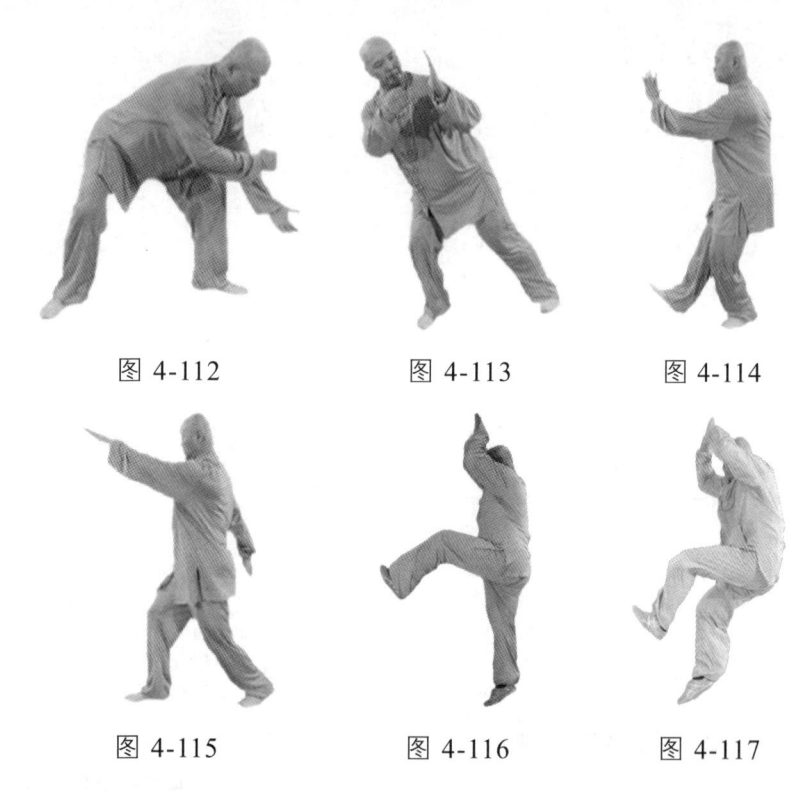

图4-112　　　　图4-113　　　　图4-114

图4-115　　　　图4-116　　　　图4-117

（4）起身左踢：左脚蹬地向前右腿屈膝踏实（图4-115），右脚蹬地起身，左手、右手依次上撩，左脚前踢（图4-116）。

（5）腾空右踢：左脚下落，右脚腾空飞踢，右手下落迎击右脚背（图4-117、图4-118）；左右脚依次落地成并步半蹲，左手回收至左肋下，右掌掌心向下，掌指向前，高与肩齐，目视前方（图4-119）。

图4-118　　　　　图4-119

2. 动作要点

"翻身二踢脚"的动作要点主要包括：

（1）第1、2动要点是用重力牵拉做功。

（2）第3动要点是先回坐再前按，前按和回坐同步但晚半拍。

（3）第4、5动要点是左右脚先后蹬地起跳，左脚下落同时起右脚。

3. 易犯错误与纠正方法

"翻身二踢脚"的易犯错误与纠正方法主要包括：

（1）翻身挂按时断劲。纠正方法：斜身时肩臂合住劲，回坐时向前单按。反复练习。

（2）二踢脚节奏错误。纠正方法：先踢起左脚控住，再起跳踢右腿，右腿起左腿落，反复小幅度练习，直至找对节奏，再尝试正常演练。

退步跨虎

（八）退步跨虎

1. 动作步骤

"退步跨虎"的动作步骤主要包括：

（1）右脚退步：接上动，腰微右转，左手从右臂上穿过，掌心向内，两臂交叉，目视右前方（图 4-120）。

（2）转身挂踢：向右后转体，右脚右前上步，以脚跟为轴脚尖外捻（图 4-121），重心移向右脚，右髋落实（图 4-122），右掌掌心向外，经下向前挂掌，在体前立掌，掌心向左，左手向后平抹至左后成勾手，左脚向前挂踢，目视左前方（图 4-123）。

图 4-120　　图 4-121　　图 4-122　　图 4-123

2．动作要点

挂踢时以右髋为核心，挂踢与撩抹同步。

3．易犯错误与纠正方法

"退步跨虎"的易犯错误与纠正方法主要包括：

（1）挂踢后摇晃。纠正方法：挂踢前右髋松沉，挂踢后守住右髋。

（2）挂踢与撩抹散乱不整。纠正方法：先起腿挂踢，两手动作紧随。反复练习。

（九）斜身扭月摆莲脚

1．动作步骤

"斜身扭月摆莲脚"的动作步骤主要包括：

斜身扭月摆莲脚

（1）穿裆靠：接上动，左脚向前落地成马步，脚尖斜向前，左手向左前插掌，虎口向上，右手回收至左肩，掌心向内，目视左掌（图4-124）。

（2）手别子：右脚跟回带，身体向右倾斜，左腿合胯扣脚，左手内旋虎口向下，右手置于左胸前内旋手心向外，目视左手（图4-125）。

（3）旋抹手：回坐重心移向左脚成右虚步，腰向右转摧动左臂向右平搂过身体中线（图 4-126）；腰继续右转带动右臂向右平搂至身体右前方（图 4-127）。

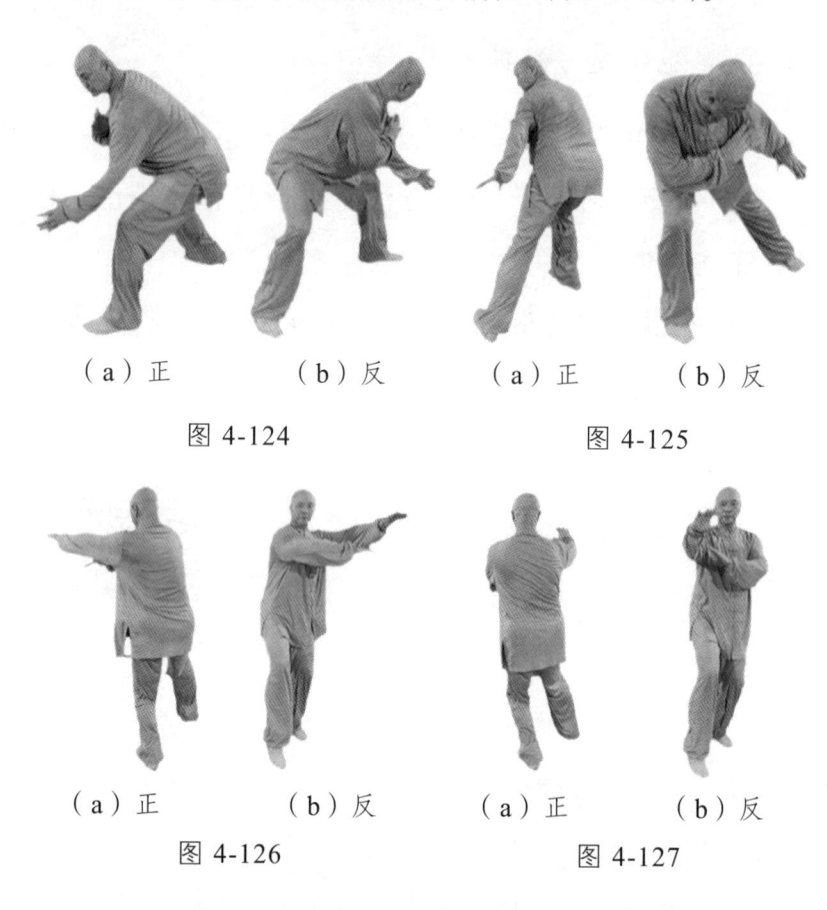

（a）正　　　（b）反　　　（a）正　　　（b）反

图 4-124　　　　　　　图 4-125

（a）正　　　（b）反　　　（a）正　　　（b）反

图 4-126　　　　　　　图 4-127

（4）摆莲脚：高提右膝，绷脚尖向左前伸开小腿，再向右展大腿带小腿外摆至右前方，同时左右手由右向左摆掌依次迎击右脚背（图 4-128、图 4-129、图 4-130），之后控大腿落小腿（图 4-131）。

图 4-128　　图 4-129　　图 4-130　　图 4-131

2. 动作要点

"斜身扭月摆莲脚"的动作要点主要包括：

弯弓射虎

（1）第 1 动要点是落脚成马步插掌后，左臂沉肘回收，左肩前靠。

（2）第 2 动要点是返身步斜身时，左手位置保持不动，左掌左后按与右手有对拉劲。

（3）第 3 动要点是腰带动左右两臂依次接力旋抹搂带对手，延长做功距离。

（4）第 4 动要点是以腰带动一气呵成。

3. 易犯错误与纠正方法

"斜身扭月摆莲脚"的易犯错误与纠正方法主要包括：

（1）手别子斜身时左手留不住。纠正方法：教练辅助控住左手再斜身，找到左手位置感，再反复练习，体会对拉劲。

（2）回坐（扭月）与两臂依次抹掌不协调。纠正方法：先回坐，再以左髋为轴右转依次抹掌，反复练习。

（3）摆莲脚动作不协调。纠正方法：按照"合髋→提膝→伸小腿→外展大腿→屈小腿→落大腿"慢动作分化并重复练习，建立动作概念和肌肉感觉。

（4）摆莲脚击响问题。纠正方法：左右手依次左右置于体前不动，右腿外摆依次摆击左右手。反复练习，熟练后放开两手依次迎击来腿，增加响度。

（十）弯弓射虎

1. 动作步骤

"弯弓射虎"的动作步骤主要包括：

（1）落脚右转：右脚向右前落脚，向右转腰带动两臂向右捋，左腿合胯扣脚成右弓步，左手在右髋前，手心向内，右手在右前，手心向前，目视右手（图4-132、图4-133、图4-134）。

（2）握拳左转：两手握拳，向左转腰，右拳在头部右上方，左拳在右肩内侧，目视左前方（图4-135）。

（3）右撑左冲：腰微右转，左拳向左冲出，拳眼向上，右臂微往外撑，拳眼对太阳穴，目视左拳（图4-136、图4-137）。

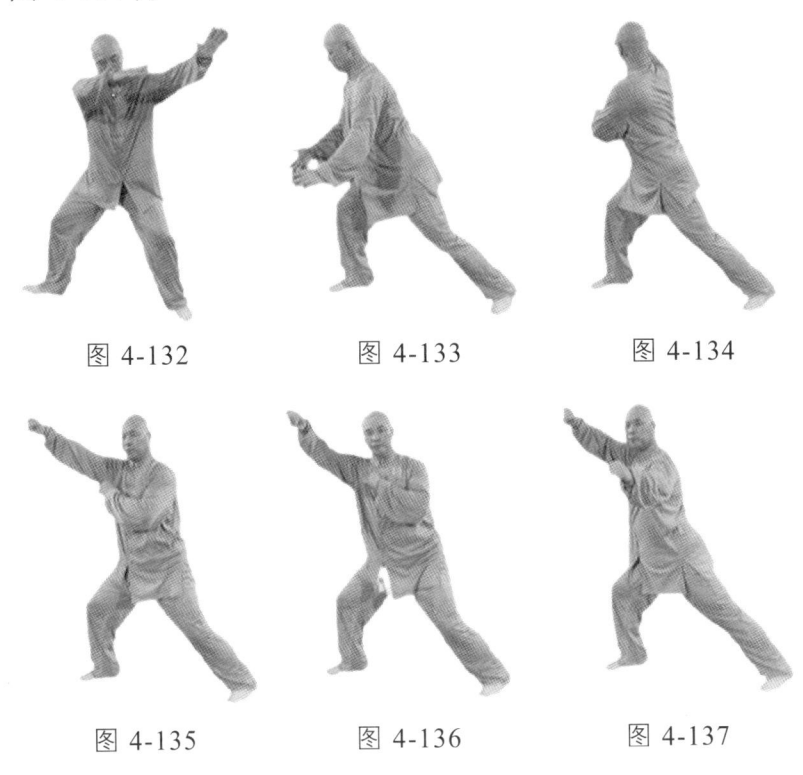

图 4-132　　　　图 4-133　　　　图 4-134

图 4-135　　　　图 4-136　　　　图 4-137

2. 动作要点

右转腰抒、左转腰再右转腰的顿挫劲是弯弓射虎动作的要点。

3. 易犯错误与纠正方法

"弯弓射虎"的易犯错误与纠正方法主要包括：左转

腰出拳。纠正方法：强调左转腰握拳准备，右转腰左冲右撑，并反复练习。

（十一）收势

1. 动作步骤

"收势"的动作步骤主要包括：

收势

（1）回收：回坐重心移向左脚，右脚尖翘起，两拳回收至腰间，拳心向上，目视前方（图4-138）。

（2）开立：合右髋脚内扣90°（图4-139），重心完全移至右脚，右腿屈膝右髋松沉，提左膝活左脚成开立步，两脚外缘与肩同宽，目视前方（图4-140），两腿立直，同时两拳变掌落在体侧（图4-141）。

图4-138　　图4-139　　图4-140　　图4-141

（3）侧掤：两臂侧平举（图4-142）。

（4）右转：腰右转带动右脚外摆，左手向下向内掩手，右手向上向内按掌（图4-143）。

图 4-142　　　图 4-143　　　图 4-144　　　图 4-145

（5）左转：重心移向右脚，以右髋为轴左转，收左脚成左丁步，正面向前（图 4-144）。

（6）虚步：左脚进步脚跟触地成左翘脚虚步，同时左手上托，右肘下沉，目视前方（图 4-145）。

（7）托掌：重心前移，两手向前平伸，掌心向上（图 4-146），右脚向前上步，两腿屈膝半蹲，成开立步托掌（图 4-147）。

图 4-146　　　图 4-147　　　图 4-148　　　图 4-149

107

（8）收势：两臂内旋沉肩坠肘翻掌下按，按至胸前（图 4-148），身起手落，目视前方（图 4-149）；重心移至右脚，左脚并步成并立步（图 4-150）。

2. 动作要点

起势动作融于收势中，就像输水管道安装上一个三向接头，使水流趋势产生了多种变化一样，增加了套路训练的方式。既可以收势，也可以重复练习，还可以从侧掤这一动反架练习，形成循环无端的多种套路训练方式。

图 4-150

3. 易犯错误与纠正方法

"收势"的易犯错误与纠正方法主要包括：

（1）回坐合脚起立成开立步，再侧掤时，起立落掌动作与侧掤动作不到位、不完整。纠正方法：强调分动练习，完成开立步后再做两臂侧掤。

（2）收势动作。从托掌至身起手落成开立步时，动作不协调。纠正方法：托掌时屈膝下肢不动，先沉肩坠肘，两手内旋下按至胸部以下，再配合向下按掌缓缓站起立直，反复练习。

第三节　校园传承-22式班侯拳拆招

一、第一段

（一）起势

1. 开立

起势拆招

开立是准备动作（图4-151）。图4-151中左边的练习者为甲方，下同；右边的练习者为乙方，下同。

图 4-151  　　　　　图 4-152

2. 侧掤

甲方两臂展开是一种高傲的、无畏的迎敌准备姿势（图4-152）。

3. 右转

当乙方右腿蹬踹甲方腹部时，甲方腹部掤接后右转腰转化同时以左臂捋化（图4-153）。

图 4-153 　　　　　　图 4-154

4．左转

当乙方左拳打甲方面部时，甲方左转身摧动右手向左平拦乙方手臂使其落空（图4-154）。

5．虚步

（1）变招一。

甲方接右转势法，捋化乙方右腿后，如乙方前冲劲大则两臂合抱顺势牵引扭转摔（图4-155~图4-157）；如乙方落空后回收，甲方则两臂合抱进步前上送使乙方跌倒（图4-158~图4-160）。

（2）变招二。

甲方接左转势法，转腰拦开乙方手臂使其落空后，松沉右肘，掤劲向下引带乙方手臂，乙方向前劲力大则甲方顺势引采使乙方扑跌（图4-161~图4-163）。

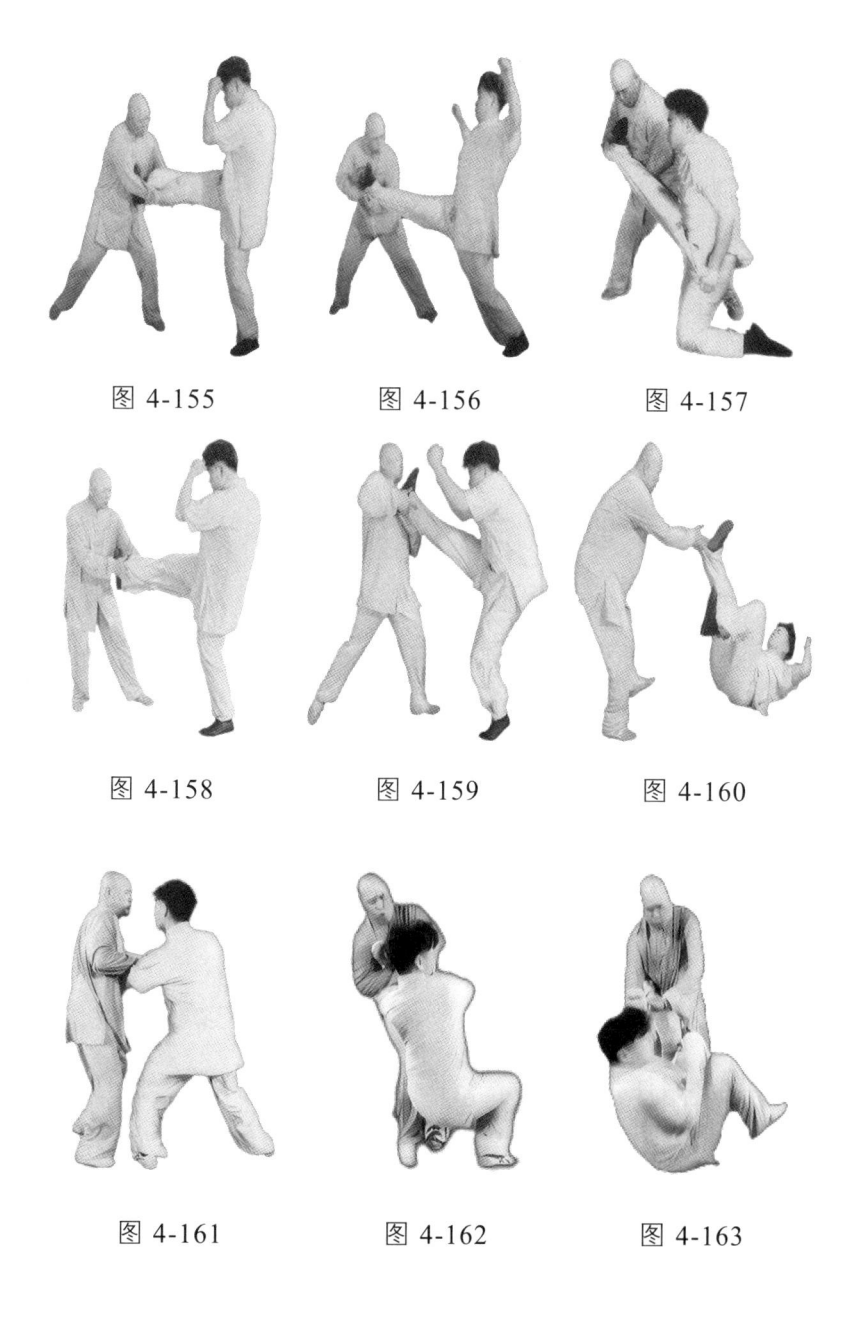

图 4-155　　　　图 4-156　　　　图 4-157

图 4-158　　　　图 4-159　　　　图 4-160

图 4-161　　　　图 4-162　　　　图 4-163

111

（二）揽雀尾

1. 扣脚前送、右转抱球

扣脚前送、右转抱球的用法就是起式动作左转势法的前送旋抹招法（图 4-164~图 4-167）。

揽雀尾拆招

图 4-164 　　　图 4-165 　　　图 4-166

2. 进步右掤

当乙方右手攻击甲方胸部以上时，甲方右手向上护在胸前，右脚上步摧动右臂向前迎接乙方前臂，接触后用粘劲接住、用掤劲掤住，左手辅助（图 4-168、图 4-169）。

3. 跟步掤发

甲方掤住乙方前臂（手腕）后，乙方劲力小于等于甲方的掤劲时，甲方在掤化乙方劲力的同时，左脚跟步发力摧动右臂内旋向前按发，左手辅助（图 4-170~图 4-172）。

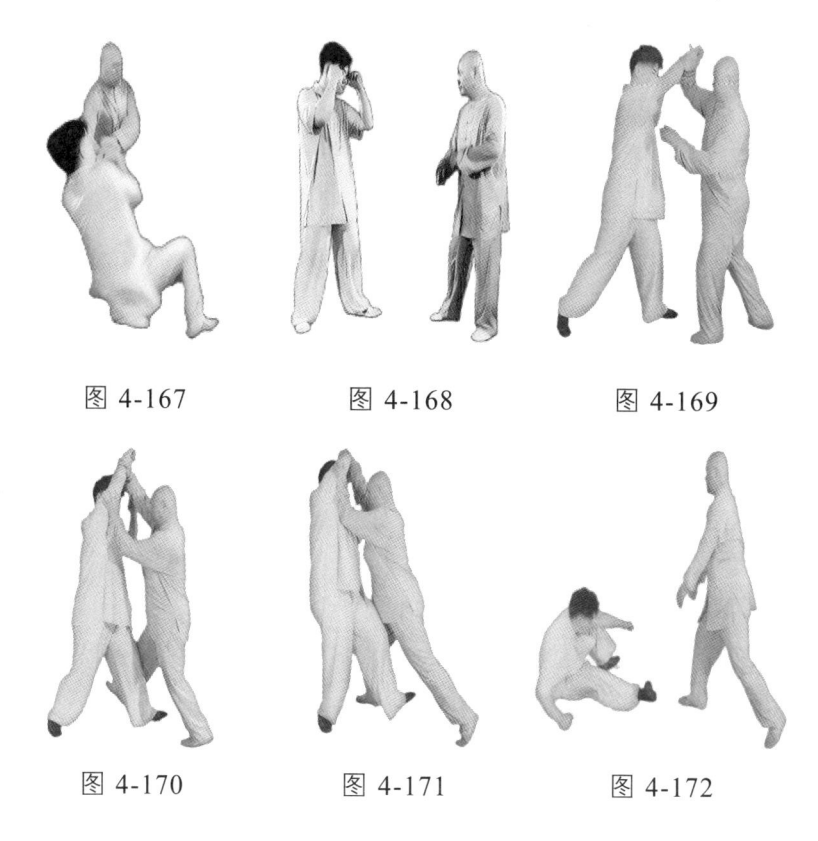

图 4-167　　　　图 4-168　　　　图 4-169

图 4-170　　　　图 4-171　　　　图 4-172

4. 上步偏捋

甲方向前掤发遇阻时，左脚向左前偏步，释放按发的能量，同时两手合住劲，随身体左移偏捋，牵动乙方后左转腰把捋劲拉长（图 4-173、图 4-174）。

5. 跟步捋发

甲方左转腰捋，乙方被牵动则甲方右脚跟步两手发力向左后捋发（图 4-175、图 4-176）。

113

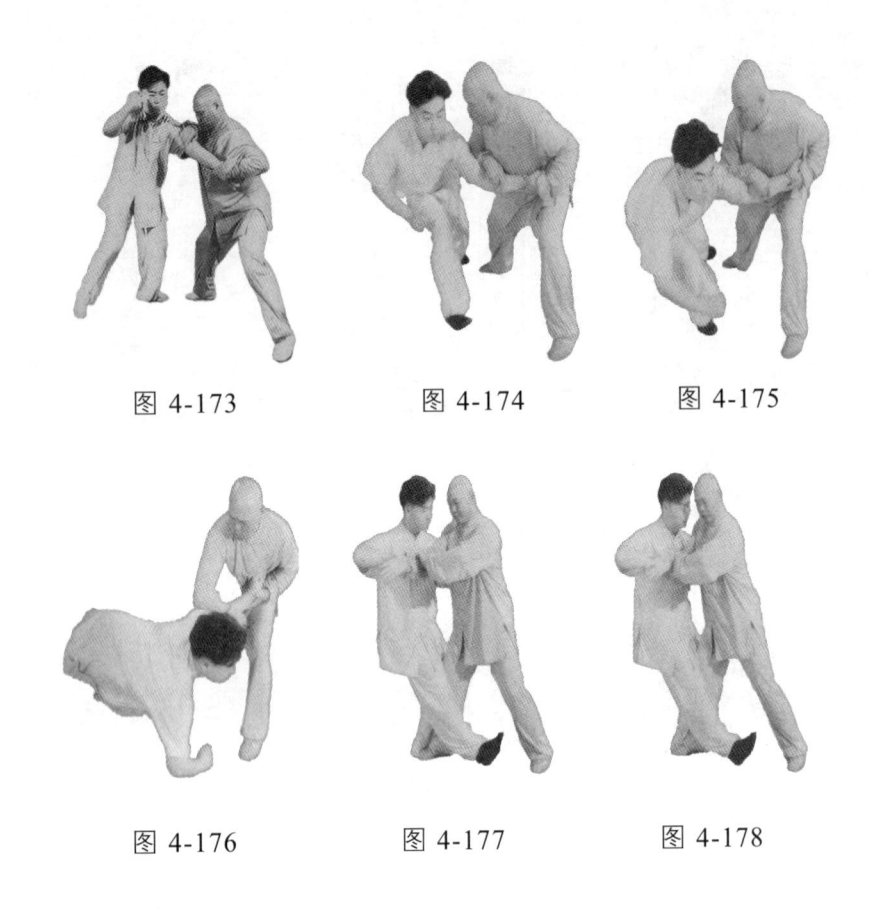

图 4-173　　　　图 4-174　　　　图 4-175

图 4-176　　　　图 4-177　　　　图 4-178

6. 上步右挤

甲方左捋受阻时，即刻右转腰，右肩带肘、前臂粘劲紧贴乙方，左手按于乙方右前臂内侧合住劲，腰腿向前推送右臂（图 4-177、图 4-178）；跟步挤发：甲方右臂挤靠紧实后，左脚跟步发力摧动两臂向前挤发（图 4-179~图 4-181）。

图 4-179 　　　　图 4-180 　　　　图 4-181

7. 回坐采按

当乙方化劲后双按反击时，甲方回坐引化同时两掌回收按压乙方双臂使其落空前扑（图 4-182~图 4-184）；进步双按：甲方回坐采按时乙方顺化控住前驱之势时，甲方弓步向前摧动两掌由下向上、向前按掌，使乙方向后仰跌（图 4-185~图 4-187）。

图 4-182 　　　　　　　图 4-183

115

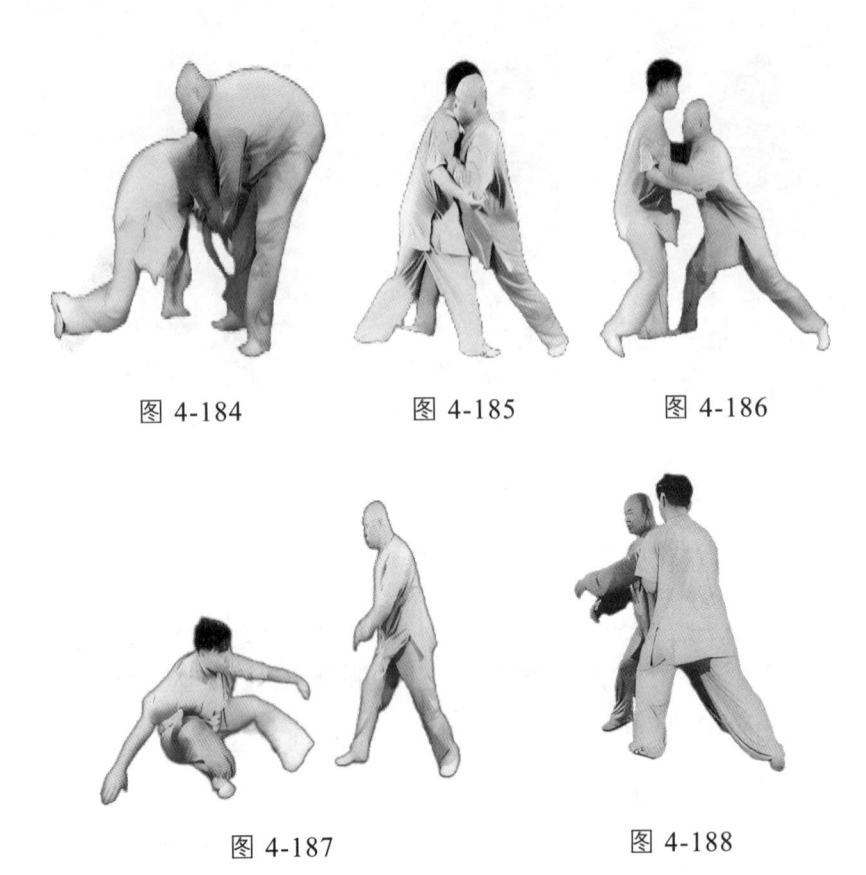

图 4-184　　　　图 4-185　　　　图 4-186

图 4-187　　　　　　　　图 4-188

（三）单鞭

1. 左转

乙方在身体左侧，甲方左肩、臂合住劲，向左转身靠挤，如乙方被挤动拔跟，则顺势搂采摔倒乙方（图 4-188~图 4-190）。

单鞭拆招

图 4-189 　　　　图 4-190 　　　　图 4-191

2. 右转

被乙方化劲后右手反击时，甲方右手从乙方右臂下向上穿，接着右转腰转化反制乙方右臂，左手顺势向右前按发乙方（图 4-191~图 4-193）。

图 4-192 　　　　图 4-193

3. 勾採

甲方右前按发稍感阻力，右转腰沉肩收肘，右手向

117

下、向后勾採,左手辅助使乙方前扑（图 4-194~图 4-196）。

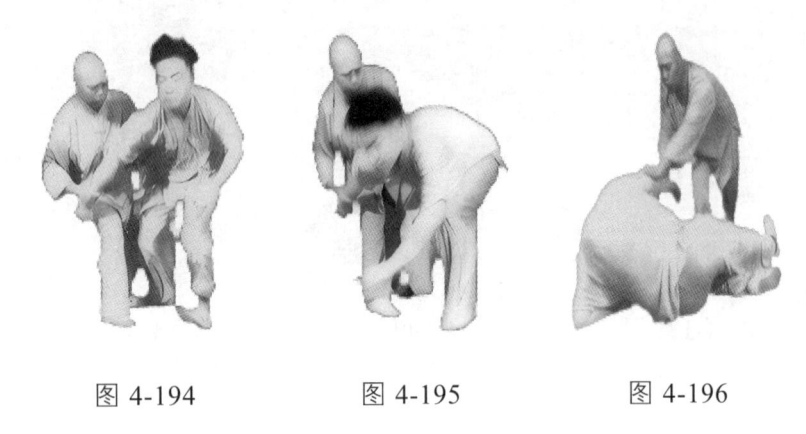

图 4-194　　　　　图 4-195　　　　　图 4-196

4. 击打

甲方若勾採稍遇阻力,左手合压住乙方右臂,右採勾变凤眼勾,顺其右手臂向上击打乙方咽喉（图 4-197、图 4-198）。

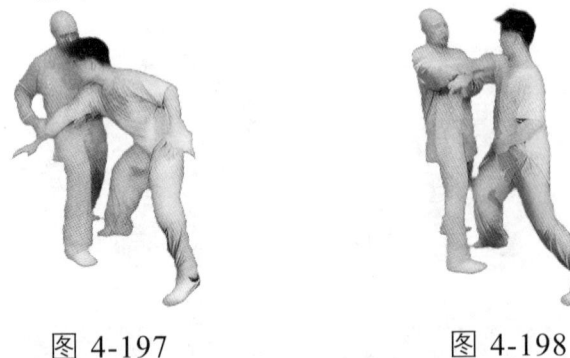

图 4-197　　　　　　　图 4-198

5. 侧蹬

若乙方右臂急收格挡甲方的勾手攻击,甲方右手顺势採拿乙方右手腕向右后引带，抬左脚蹬踹乙方右肋（图 4-199~图 4-201）。

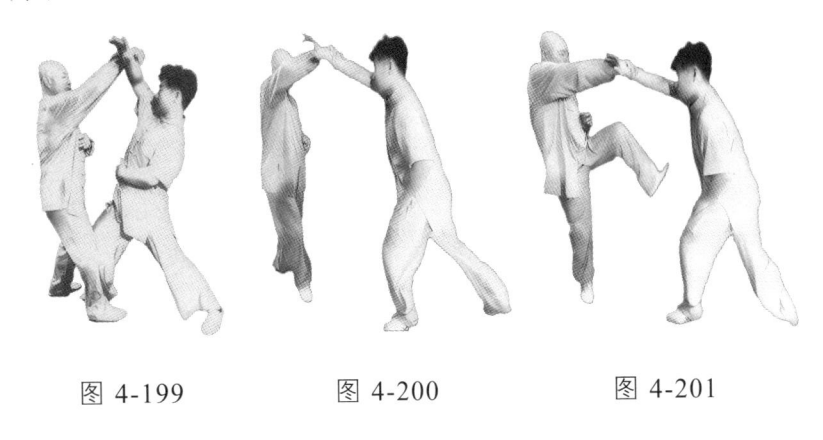

图 4-199　　　图 4-200　　　图 4-201

6. 单鞭

甲方採拿乙方手腕向右后引带受阻时，左脚上步卡在乙方右腿后，左手上举护头合身贴靠乙方，靠挤乙方稍移位，甲方即左转腰，左臂内旋向上、向左前劈落，将乙方摔倒（图 4-202~图 4-205）。

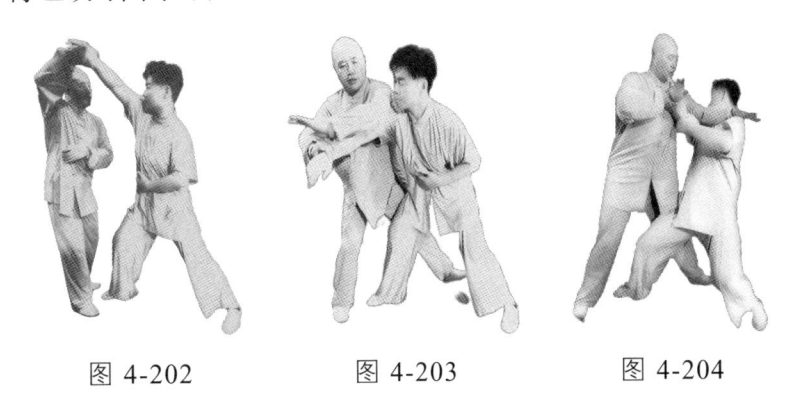

图 4-202　　　图 4-203　　　图 4-204

图 4-205 　　　　　　图 4-206

（四）云手

1. 右转左云手

右转动作是云手招法的准备动作，接上动。假想乙方从右侧以右拳攻击甲方上体，甲方右转身面对乙方（图 4-206）；左云手：甲方左手向右向上向左划弧向外掤接捋化乙方右臂（图 4-207~图 4-209）。

云手拆招

图 4-207 　　　　图 4-208 　　　　图 4-209

120

2. 右云手

甲方左手向左捋化乙方右臂稍遇阻力，即刻右手从乙方右臂外侧向上穿掌掤接其右臂，向右回转腰捋采，左手随转腰向右按发（图4-210~图4-212）。

图 4-210 　　　　图 4-211 　　　　图 4-212

（五）搂膝上步搬拦捶

1. 转身搂按

接上动，乙方右脚踢甲方左肋，甲方左转腰用左前臂粘劲拦接乙方右腿（图4-213）；继之上左脚，右脚蹬地摧动右手前按乙方上体，使其向后仰跌（图4-214、图4-215）。

搂膝上步搬拦捶拆招

2. 蹬踩扳

甲方若前按时乙方右臂阻挡，重心继续前移起右脚蹬踩乙方小腿，同时右手回撤顺化待左手跟进扶按于乙方肘部后，右手内旋，左手外旋向右外扳乙方右臂（图4-216~图4-218）。

图 4-213　　　图 4-214　　　图 4-215

图 4-216　　　图 4-217　　　图 4-218

3. 拦

乙方退步躲开甲方的右脚蹬踩，甲方右脚顺势落地前移重心，左手按住乙方右臂（图 4-219）；捶：甲方左脚上步右脚蹬地跟步摧动右拳从左手上捶乙方上体（图 4-220、图 4-221）。

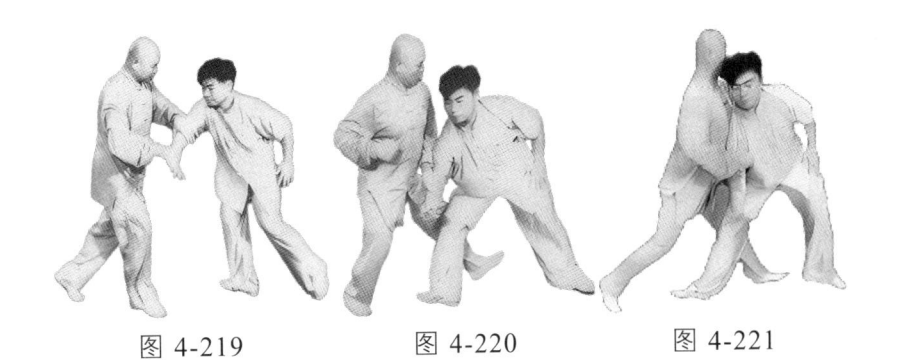

图 4-219　　　　　图 4-220　　　　　图 4-221

（六）如封似闭

1. 回坐

甲方进攻受阻，乙方反攻按甲方时，甲方合住肩臂，回坐收腹敛臀、尾闾下扎、沉肩坠肘掤化来势（图 4-222）。

如封似闭拆招

2. 封

甲方随沉肩坠肘两手掤住乙方两臂外旋引化将其双臂（或肩）封在身外（图 4-223）。

图 4-222 　　　　　　　图 4-223

123

3. 闭

甲方两臂内旋翻掌在胸前合住劲，重心前移，腰腿发力摧动两掌向前按发乙方（图4-224、图4-225）。

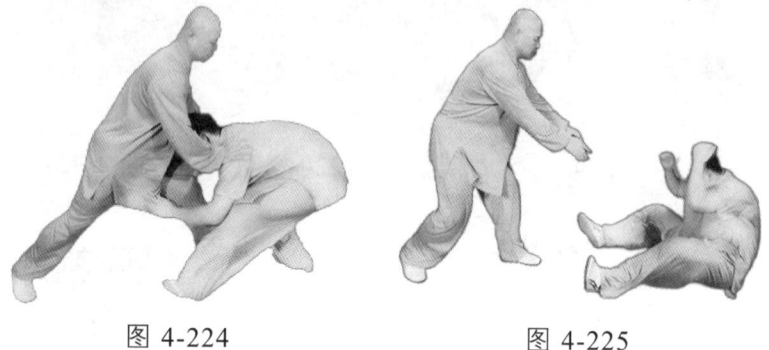

图4-224　　　　　　图4-225

（七）抱虎归山

1. 左搂抱

上式如封似闭双按掌遇阻或被化解，甲方左臂顺势插入乙方左腋下曲臂搂抱合住劲，上体向右倾斜以重力为动力搂抱乙方上体向右抱摔（图4-226~图4-228）。

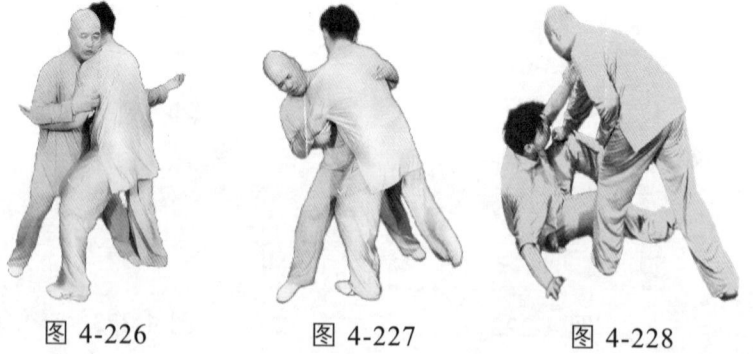

抱虎归山拆招

图4-226　　　图4-227　　　图4-228

2. 右抱搂

甲方左搂抱遇阻,右臂插入乙方左腋下,两臂合抱迅速以右髋为轴左转腰向左拧摔乙方(图 4-229~图 4-232)。

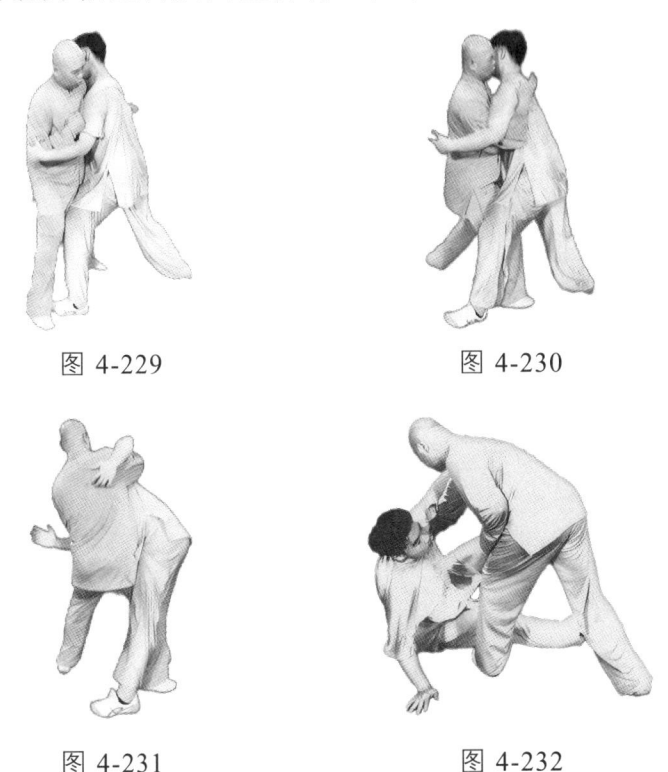

图 4-229

图 4-230

图 4-231

图 4-232

(八)上步肘底捶

1. 落脚接手

接上动,乙方从左前方用右拳攻击甲方上体,甲方左脚落地,右手粘劲

上步肘底捶拆招

125

由下向上接乙方前臂（手腕），左手粘劲贴扶乙方右肘（图 4-233）。

2. 蹬踩回捋

甲方右转腰摧动两手侧引回捋，同时起右脚蹬踩乙方前足小腿（图 4-234）。

甲方回捋受阻时，左手黏劲顺势向上推送乙方右肘，同时右手变拳合住劲随左转腰和右蹬腿合胯向前捶打乙方右肋（图 4-235、图 4-236）。

图 4-233 　　　　　　图 4-234

图 4-235 　　　　　　图 4-236

（九）倒撵猴

1. 反抽手

接上动，乙方应对甲方的右手拳时，甲方左脚扣住乙方右脚向后抽步的同时，左手反抽乙方面部（图 4-237、图 4-238）。

倒撵猴拆招

图 4-237 　　　　　　图 4-238

2. 右穿掌

甲方左抽手受阻时，撤左手，右掌向乙方咽喉穿掌（图 4-239、图 4-240）。

图 4-239 　　　　　　图 4-240

3. 左推掌

甲方右穿掌受阻时，右转腰摧动左掌按向乙方面部（图4-241、图4-242）。

图4-241 　　　　　　图4-242

4. 右拍掌

甲方左按掌受阻时，左转腰右掌由上向下拍击乙方头面部（图4-243~图4-245）。

图4-243 　　　图4-244 　　　图4-245

（十）斜飞式

1. 右开步

接上动，当甲方右掌向下拍击被乙方上架防住时，甲方左手粘劲接手换出右手，并向左后引带，同时右脚上步，以右肩臂贴靠乙方胸部（图4-246）。

斜飞式拆招

2. 肩背靠

甲方重心右移，以右肩臂发力靠击乙方胸部（图4-247）。

图4-246　　　图4-247　　　图4-248

3. 展臂挒

随着靠击发挥作用，乙方产生右后移位，甲方顺势展右臂延续靠击力量发放乙方（图4-248）。

（十一）提手

1. 右合

接上动，乙方退左步活右脚顺势右按甲方胸部，甲方左转腰合右脚摧动右臂黏劲接化乙方右臂（图 4-249）。

提手拆招

2. 左合

甲方稍遇阻力后再右转腰合左脚摧动左手黏劲合拿乙方右臂（图 4-250）。

3. 下捋

甲方遇阻沉髋收腹、坠肘双手下捋（图 4-251）。

图 4-249　　　　图 4-250　　　　图 4-251

4. 提手

甲方牵动乙方后右手顺势採拿乙方右腕，左手捏勾上提攻击乙方下颌，右手黏随乙方右腕前送迫使乙方曲臂提肘（图 4-252）。

5. 落按

甲方勾手攻击引起乙方防御动作后，左手沉肘回收按于乙方右上臂，左手继续採拿乙方手腕，左脚前落脚跟触地支撑，脚尖翘起勾控乙方右脚踝，双手合劲向前按出（图 4-253、图 4-254）。

图 4-252　　　图 4-253　　　图 4-254

二、第二段

（一）野马分鬃

1. 丁步抱球

接上动，乙方松肩手臂内旋手下插化解拿按，并左手攻击甲方右上盘时，甲方右转腰摧动右手向右上粘劲掤接其左臂，左手黏劲将其右臂牵至乙方左臂下，将左脚收回备用（图 4-255、图 4-256）。

野马分鬃拆招

图 4-255 　　　　图 4-256 　　　　图 4-257

2. 左脚开步

甲方左脚向乙方身后进步贴靠其右腿，右手顺势採拿乙方左腕向右后牵直其手臂，左臂向前挤控其右臂同时左手採拿乙方左臂肘关节以上（图 4-257）。

3. 左肩靠挤

甲方控制乙方两臂后，重心左移靠挤乙方，破其中，占其位，断其根（图 4-258）。

图 4-258 　　　　图 4-259 　　　　图 4-260

132

4. 左转捯按

甲方靠挤遇阻时，合右胯，腰向左转，左臂内旋呈向左向下弧线捯按乙方（图4-259、图4-260）。

（二）玉女穿梭

1. 右手接肘

乙方右转腰撤右脚右手推按甲方左肘化解前式进攻时（图4-261），甲方左肘柔化右手从左肘下黏接乙方右腕（图4-262）。

玉女穿梭拆招

图4-261　　　　图4-262

2. 左右换手

甲方右手粘劲向上，左手内收向下，右手替换左手粘劲向上牵引乙方右臂，左手变拳回腰间，右脚收回备用（图4-263）。

3. 右脚上步

甲方右脚向乙方右后方上步，腰右转右臂内旋牵动乙方左转（图4-264）。

4. 玉女穿梭

甲方随右转腰牵动乙方露出右肋空当，左拳随势横打乙方右肋（图4-265）。

图4-263 　　　　图4-264 　　　　图4-265

（三）左分脚

1. 提膝合臂

接上动，乙方顺化屈肘掩挡甲方左拳，同时用左拳攻击甲方面部时，甲方两臂交叉由下向上粘劲迎架乙方左拳，同时提左膝准备（图4-266~图4-268）。

左分脚拆招

2. 分掌弹踢

甲方右掌黏乙方手腕向右后牵引，左掌向前扑打乙方面部，同时左脚弹踢乙方胸口（图4-269）。

图 4-266 　　　　　　　图 4-267

图 4-268 　　　　　　　图 4-269

(四) 转身右蹬脚

1. 提膝合臂

乙方右拳攻击甲方头面部时,甲方两臂交叉由下向上粘劲迎架乙方右腕,同时提右膝准备(图 4-270、图 4-271)。

转身右蹬脚拆招

2. 分掌蹬脚

甲方左掌黏乙方手腕向左后牵引,右掌向前扑打乙

135

方面部，同时右脚蹬踢乙方上体（图 4-272）。

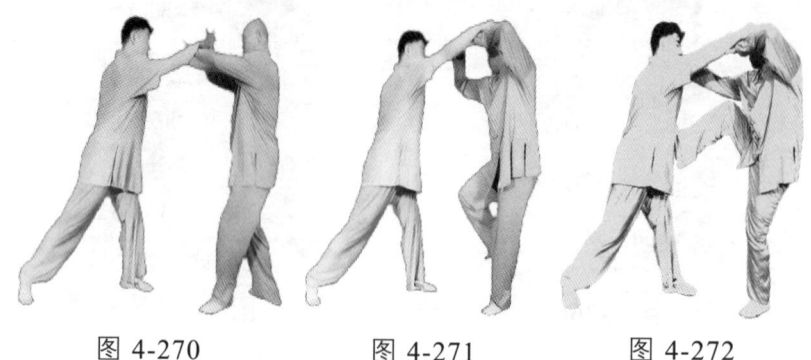

图 4-270　　　　图 4-271　　　　图 4-272

（五）风摆荷叶

1. 落脚右转

接上动，甲方右脚落地，右手从乙方右臂下向左抄接，左手扶按于乙方右肘，右转腰摧动两臂右旋将乙方（图 4-273、图 4-274）。

风摆荷叶拆招

图 4-273 　　　　　　图 4-274

2. 歇步大将

甲方继续右转下蹲成右歇步，摧动两手大将使乙方向右翻滚跌倒（图 4-275、图 4-276）。

图 4-275 　　　　　　图 4-276

（六）进步指裆捶

乙方右拳打甲方腹部时，甲方左脚左前上步（图 4-277），左手横在腹前用粘劲向左拦截乙方右前臂，同时右拳向前攻击乙方小腹（图 4-278、图 4-279）。

进步指裆捶拆招

图 4-277 　　　　图 4-278 　　　　图 4-279

137

（七）翻身二踢脚

1. 脚跟回带

接上动，乙方被拳捶击后，撤臀收腹附身搂抱甲方上体，甲方左手插入乙方右腋下曲肘，右手合劲抱住乙方左上臂，脚跟回带（图 4-280）。

翻身二踢脚拆招

2. 斜身合脚

甲方上体合住劲向右斜身翻转，以左臂为力点挂乙方右肩，右手合劲牵拉乙方左臂，向右后摔出（图 4-281~图 4-283）。

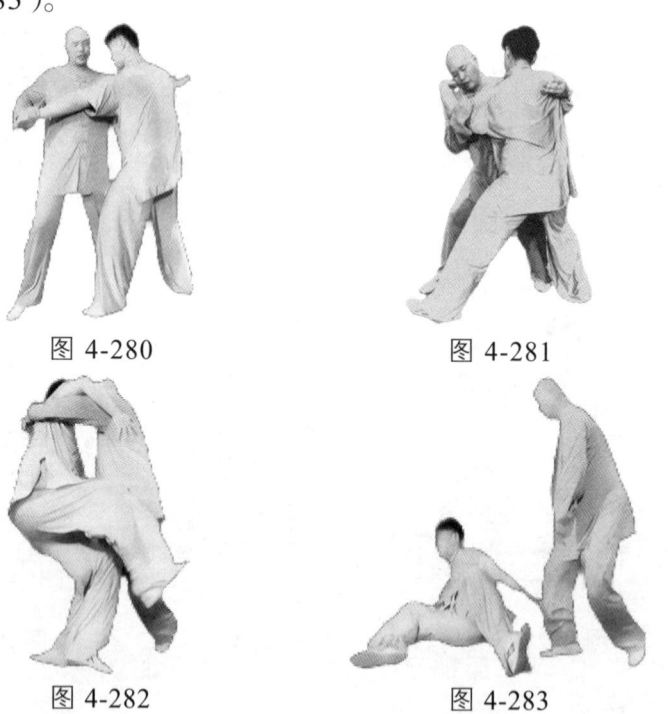

图 4-280

图 4-281

图 4-282

图 4-283

3. 回坐单按

甲方斜身挂摔受阻，松劲，虚实转换左髋回坐，同时身体右转，左臂继续向前挂、推按,向前摔出（图 4-284~图 4-286）。

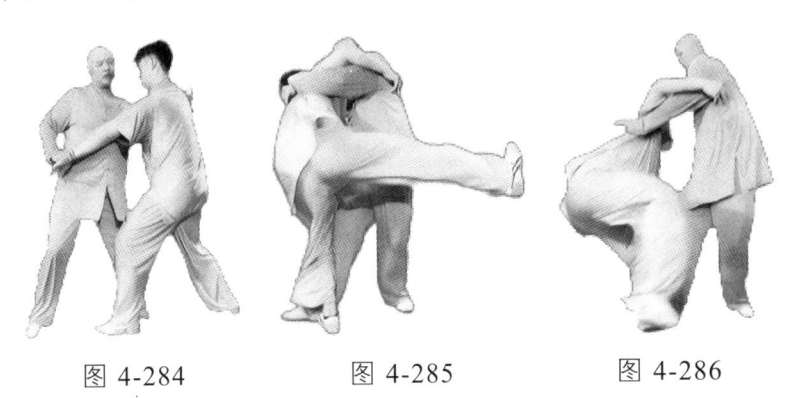

图 4-284　　　　图 4-285　　　　图 4-286

4. 起身左踢

当斜身挂摔被乙方活步顺化失效后,甲方迅速右手撩击乙方面部,同时起左脚踢乙方裆部（图 4-287、图 4-288）。

图 4-287　　　　图 4-288

5. 腾空右踢

乙方左掌拦挡甲方右手,同时缩髋收腹躲避甲方左踢时,甲方落左脚右脚腾空飞踢乙方头面部(图 4-289~图 4-291)。

图 4-289　　　　图 4-290　　　　图 4-291

(八)退步跨虎

1. 右转开步

二踢脚进攻时,乙方不着不架向左移步闪至甲方右侧,同时右手向甲方推按反击时(图 4-292),甲方右转身,右手粘劲掤接其来臂,右脚向后退步(图 4-293、图 4-294)。

退步跨虎拆招

2. 撩抹挂踢

甲方右后转身,左手向左后搂抹乙方头面部,右手顺势向右前方将带其右臂,同时起左脚挂踢乙方右腿,使其仰跌(图 4-295、图 4-296)。

图 4-292 　　　　图 4-293 　　　　图 4-294

图 4-295 　　　　　　　图 4-296

（九）斜身扭月摆莲脚

1. 穿裆靠

接上动，甲方挂踢时，乙方前上左脚转换虚实右转，左手顺化甲方右臂，提右膝化甲方挂踢时（图 4-297），甲方左脚顺势前落于乙方左脚侧，下蹲低身右手粘劲掤按乙方右膝，左手从乙方两腿间穿过搂挂其左大腿，重心左移，用肩

斜身扭月摆莲脚拆招

141

靠挤乙方身体，使其向后跌倒（图 4-298~图 4-300）。

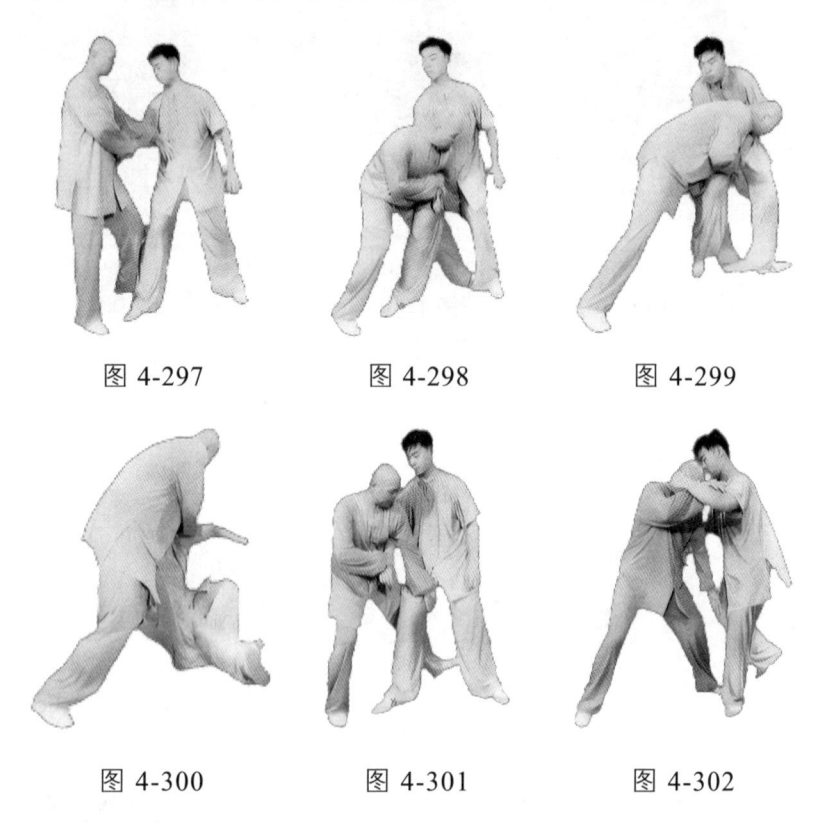

图 4-297　　　　　图 4-298　　　　　图 4-299

图 4-300　　　　　图 4-301　　　　　图 4-302

2. 手别子

上势动作，甲方穿裆搂靠时，乙方先一步抽撤右步，同时以左手向甲方按击时（图 4-301、图 4-302），甲方右手粘劲掤接其左臂，左手翻转按于乙方左腿大腿外侧靠近膝关节处，左按右捋合住劲右后斜身。使其向左后跌倒（图 4-303~图 4-305）。

图 4-303 　　　　图 4-304 　　　　图 4-305

3. 旋抹手

当上势斜身手别受阻时，甲方松劲回坐，左手顺势移向乙方身体右侧，随右转腰向右前搂。搂劲力竭或受阻时，马上换右手向右搂抹，两手相继用力形成弧线旋抹，使乙方右前跌出（图4-306~图4-312）。

4. 摆莲脚

甲方当右手搂抹力竭乙方还未跌倒或右手搂抹被阻时，起右腿外摆，顺势将乙方击倒(图4-313~图4-318)。

图 4-306 　　　　图 4-307 　　　　图 4-308

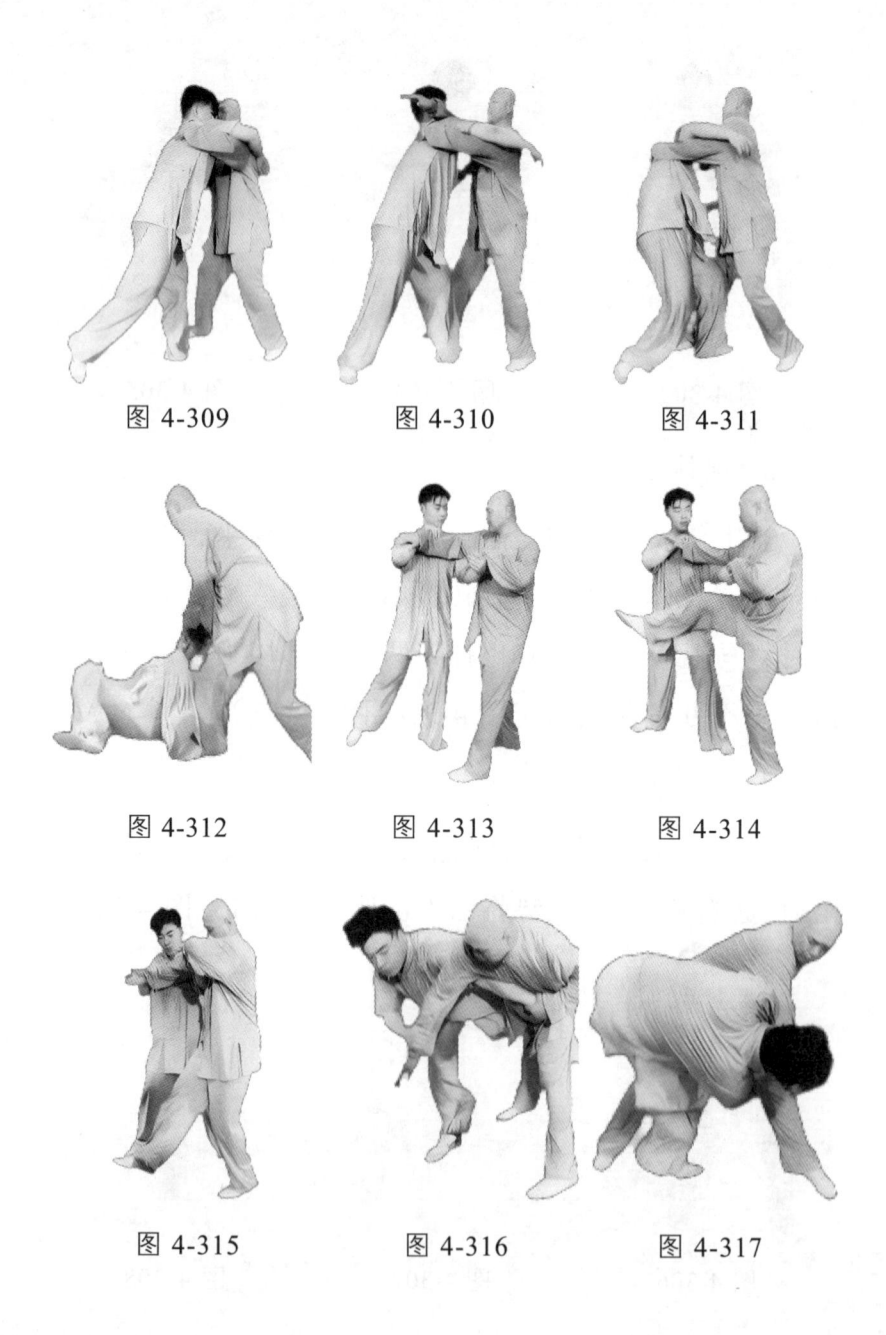

图 4-309　　　　图 4-310　　　　图 4-311

图 4-312　　　　图 4-313　　　　图 4-314

图 4-315　　　　图 4-316　　　　图 4-317

图 4-318 　　　　图 4-319 　　　　图 4-320

（十）弯弓射虎

1. 落脚右转

前式招法被乙方移步顺化时，甲方右脚右前落地，两手随腰右转捋带乙方两臂。

弯弓射虎拆招

2. 握拳左转

甲方捋带受阻时，两手合住劲腰回转稍松劲。

3. 右撑左冲

甲方腰右转，右臂向右前上掤撑乙方左上臂，左手拳（掌）向左前击打乙方右肩，使其向后跌出（图 4-319~图 4-322）。

图 4-321 　　　　图 4-322 　　　　图 4-323

（十一）收势

1. 回收合脚

当乙方擒握甲方两手手腕时，甲方放松前臂，迅速坐髋收肘，牵动乙方后迅疾合右脚左转，形成左牵右送之势，将乙方向左侧跌出（图 4-323~图 4-326）。

收势拆招

图 4-324 　　　　图 4-325 　　　　图 4-326

2. 3-6 动用法与起势相同。

3. 托掌收势：引气归元，无我无他，非技击动作。

第五章

济南杨班侯式太极拳训练与提高

第一节 济南杨班侯式太极拳的辅助训练法

一、站桩

（一）并步屈蹲桩

1. 动作

并步屈蹲桩

两脚并立，屈蹲，两手虎口张开按于肋下髋上，目视前方（图 5-1）。

（a）正　　　（b）侧

图 5-1

2. 要点

（1）全身放松，顶头立腰，屈膝坐髋，调节身体重心落在两脚跟。

（2）随着屈蹲幅度变化，需要调节膝、髋、脊以保证重心落在脚跟。

3. 易犯错误与纠正方法

屈膝而未坐髋，致使膝关节受力负荷过大。纠正方法：随屈膝幅度加大，坐髋幅度相应加大，调节全身重力落在脚后跟。

4. 训练目标

零基础学生练习提高腿部力量，感悟骨结构支撑，探索领悟掤劲。

（二）太极浑圆桩

1. 动作

太极浑圆桩

（1）预备。

两脚并立，头正顶悬，下颌微收，两臂下垂，两手贴于大腿外侧，五指自然伸开，松腰敛臀，两腿微屈，两脚趾微微抓地，精神内守，两眼平视（图5-2）。

（2）开立。

左脚平行开立，脚外缘与肩同宽（图5-3）。

（3）前掤。

两臂内旋前平举，松肩垂肘，掌心向下（图5-4）。

（4）屈按。

两臂屈肘下按至胸前，两腿同时屈膝下蹲（图 5-5）。

图 5-2 　　　　　图 5-3 　　　　　图 5-4

（5）圆撑。

两手外旋前掤、撑圆，掌心向内，掌指相对，如胸前抱球状（图 5-6）。

图 5-5 　　　　　图 5-6

2. 要点

虚灵顶劲，气沉丹田，松腰敛臀，圆裆开胯，屈膝坐髋，两臂撑圆，开中寓收，神志内敛。

3．易犯错误与纠正方法

（1）撅臀。纠正方法：收腹敛臀，尾闾下扎。

（2）跪膝。纠正方法：坐髋，收腹，命门外凸。

（3）架肘。纠正方法：松肩坠肘。

（4）散乱。纠正方法：用太极意识，在上下、左右、前后三个轴寻找对立统一，对拉拔长。

4．训练目标

（1）具备一定基础的学生练习提高掤劲意识和太极意识。

（2）训练提高掤劲感知。

（3）调整呼吸，使呼吸气息通畅，训练培养太极体。

（三）沉髋独立桩

1．动作

（1）右势。

沉髋独立桩

重心完全移至右脚，右髋松沉屈膝独立，左脚虚提在右脚内侧，两手可做抱球状（图 5-7）。

（2）左势。

重心完全移至左脚，左髋松沉屈膝独立，右脚虚提在左脚内侧，两手可做抱球状（图 5-8）。

（a）正　　　（b）侧　　　（a）正　　　（b）侧

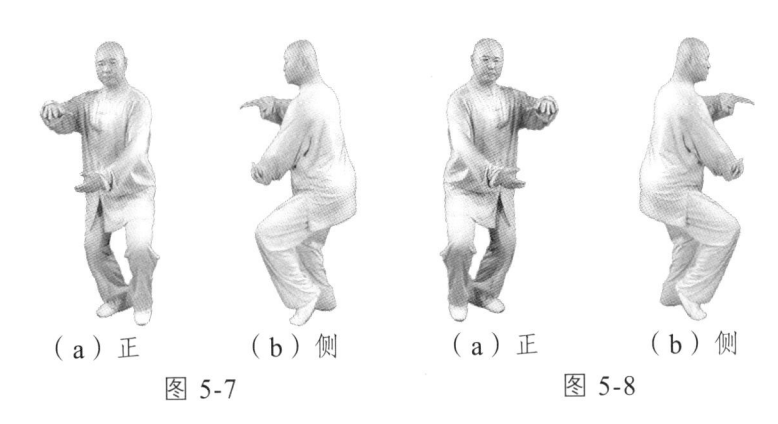

图 5-7　　　　　　　　　图 5-8

2. 要点

支撑腿髋为核心，沉髋独立，在其他三肢的微动作中调节寻找骨结构支撑，保持整体稳定。

练习时，左右交替训练。

3. 易犯错误与纠正方法

挺髋。纠正方法：放松，屈膝沉髋微坐。

4. 训练目标

（1）初学或具备一定基础的学生训练提高腰胯能力。

（2）提高骨结构支撑的控制能力。

二、行步

（一）横移步

1. 动作

（1）左移步。

从屈蹲并立步开始（图 5-9），重心完全移向右脚，

横移步

左脚开步；重心向左脚平移，完全移至左脚后，右脚并步（图 5-10~图 5-16）；反复重复练习。

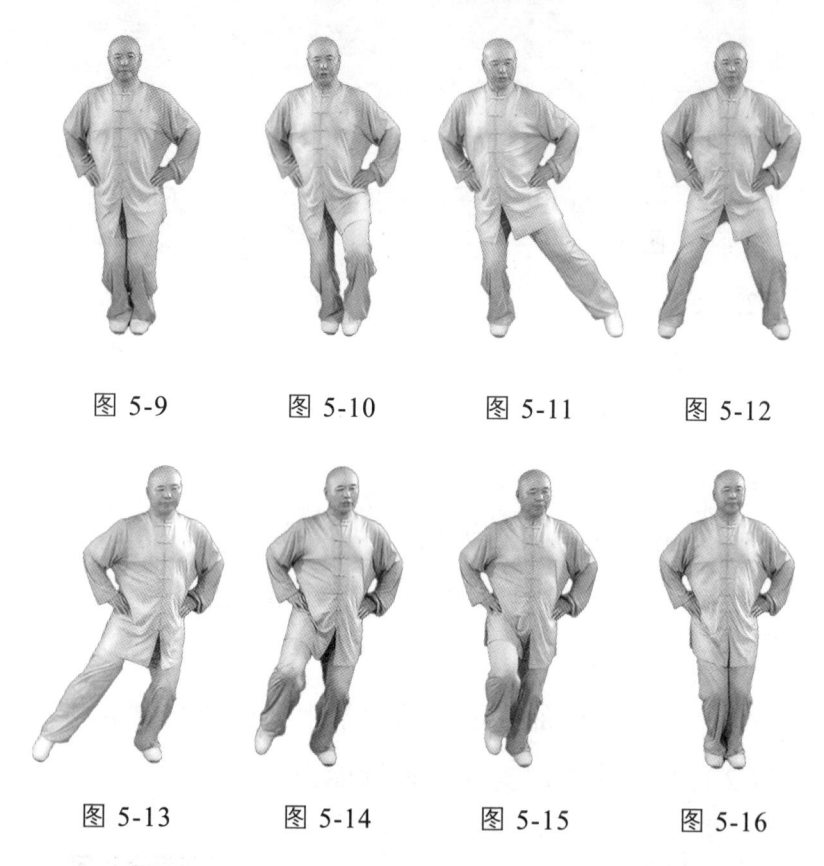

图 5-9　　　图 5-10　　　图 5-11　　　图 5-12

图 5-13　　　图 5-14　　　图 5-15　　　图 5-16

（2）右移步。

从屈蹲并立步开始，重心完全移向左脚，右脚开步；重心向右脚平移，完全移至右脚后，左脚并步（图 5-17~图 5-24）；反复重复练习。

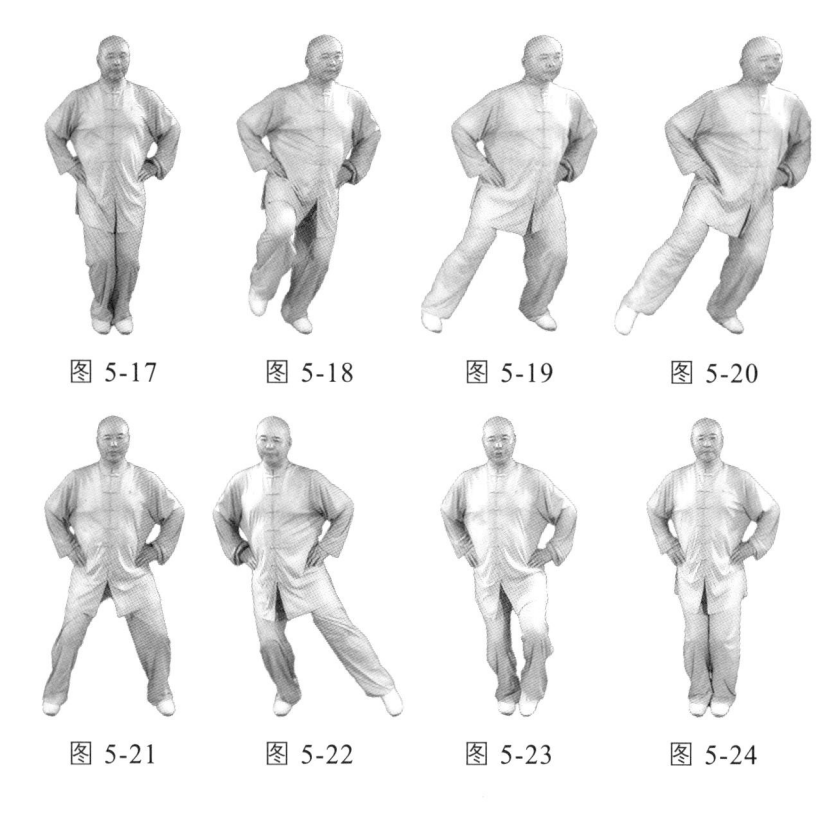

图 5-17　　　图 5-18　　　图 5-19　　　图 5-20

图 5-21　　　图 5-22　　　图 5-23　　　图 5-24

2. 要点

移步过程中，重心始终保持在支撑面以内。

3. 易犯错误与纠正方法

"横移步"的易犯错误与纠正方法主要包括：

（1）单脚支撑变双脚支撑时，悬空脚落地之前移动重心。纠正方法：管控重心保持在支撑腿，悬空腿落地后再移动重心至两脚中间。

153

（2）双脚支撑变单脚支撑时，重心还未完全移到支撑脚，起动脚就提起。纠正方法：管控起动腿在重心完全平移至支撑腿后，再提起。

（3）身体僵硬。纠正方法：不用力，全身放松，感受身体重力，找骨结构支撑。

4. 训练目标

"横移步"的训练目标主要包括：

（1）提高横向移步过程中的掤劲功夫。

（2）提高横向移动能力。

（二）前进步

1. 动作步骤

"前进步"的动作步骤主要包括：

前进步

（1）从屈蹲并立步开始（图 5-25），右脚开 45°（图 5-26）。

（2）重心完全移向右脚，提左膝，左脚微离地（图 5-27）。

（3）左腿开 45°（图 5-28）。

（4）左腿伸（图 5-29）。

（5）左腿落，脚跟触地（图 5-30）。

（6）左脚合正向前，重心向左脚平移，右腿蹬伸合髋，成左弓步（图 5-31）。

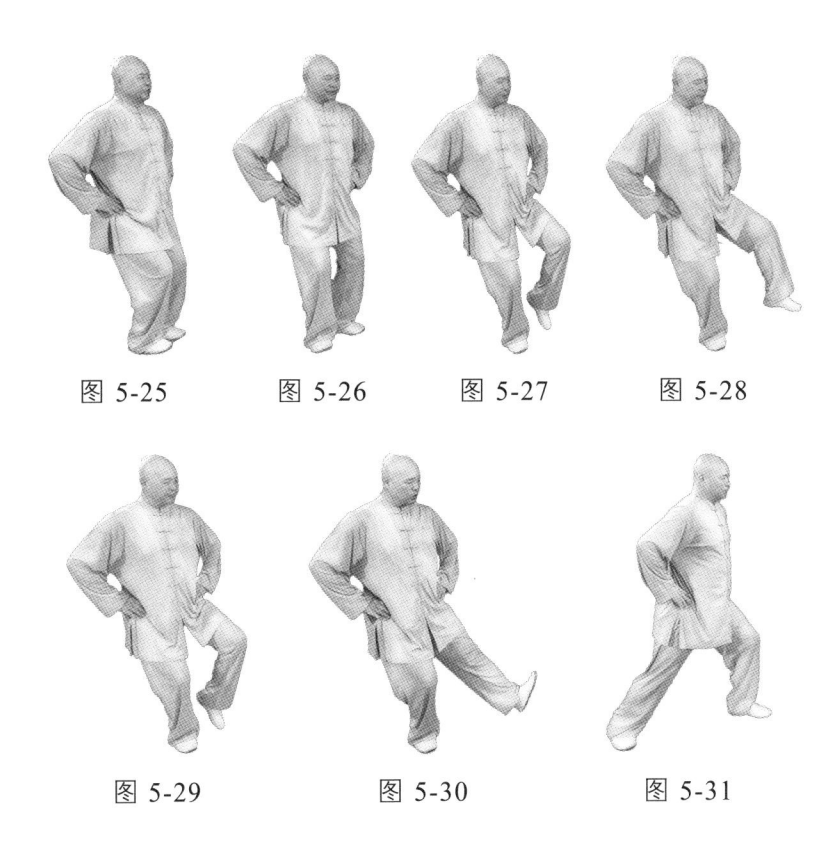

图 5-25　　　图 5-26　　　图 5-27　　　图 5-28

图 5-29　　　　图 5-30　　　　图 5-31

（7）左脚开 45°（图 5-32）。

（8）重心向左脚平移，合右髋前送（图 5-33），重心完全移至左脚（图 5-34）。

（9）收右脚至左脚内侧（图 5-35）。

（10）右脚开 45°（图 5-36）。

（11）右腿伸（图 5-37）。

（12）右腿落，脚跟触地（图 5-38）。

（13）右脚合正脚尖向前，重心向右脚平移，左腿蹬伸合髋，成右弓步（图 5-39）。

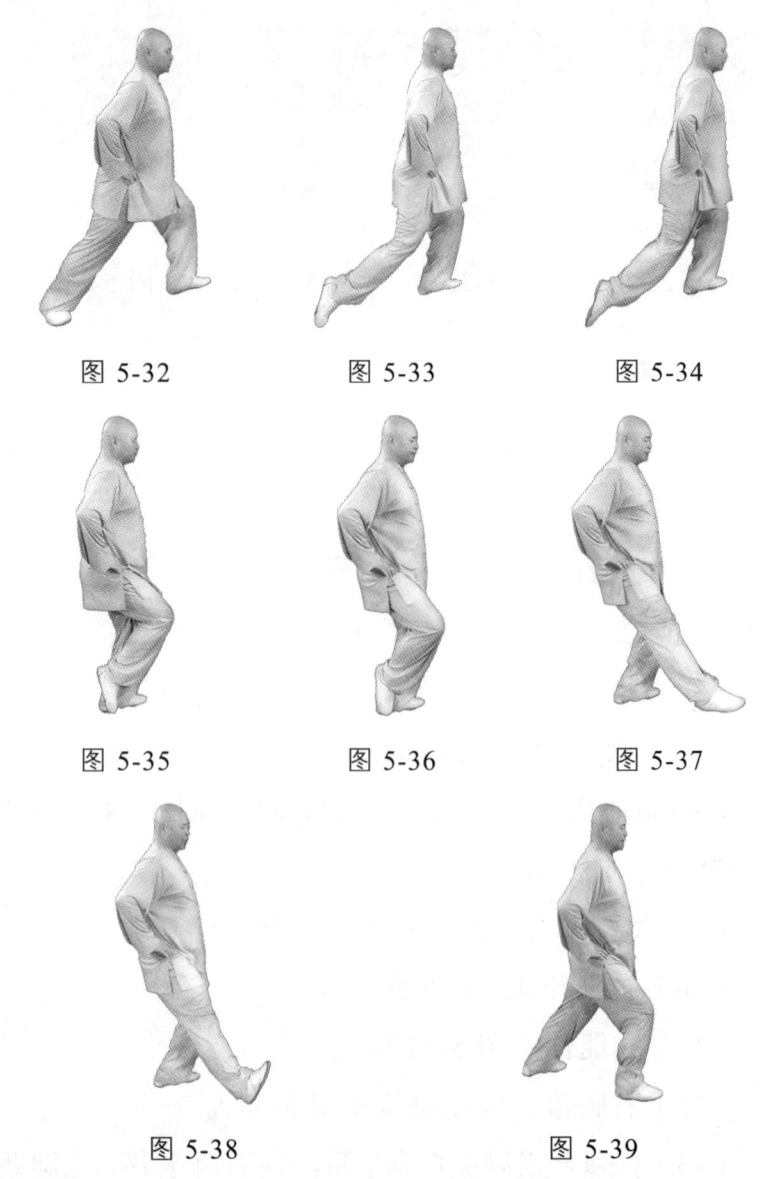

图 5-32　　　　图 5-33　　　　图 5-34

图 5-35　　　　图 5-36　　　　图 5-37

图 5-38　　　　　　　图 5-39

（14）右脚开 45°（图 5-40）。

（15）重心向右脚平移，合左髋前送（图 5-41），重心完全移至右脚（图 5-42）。

（16）收左脚至右脚内侧（图 5-43）。

（17）左腿开 45°（图 5-44）。

（18）左腿伸（图 5-45）。

（19）左腿落，脚跟触地（图 5-46）。

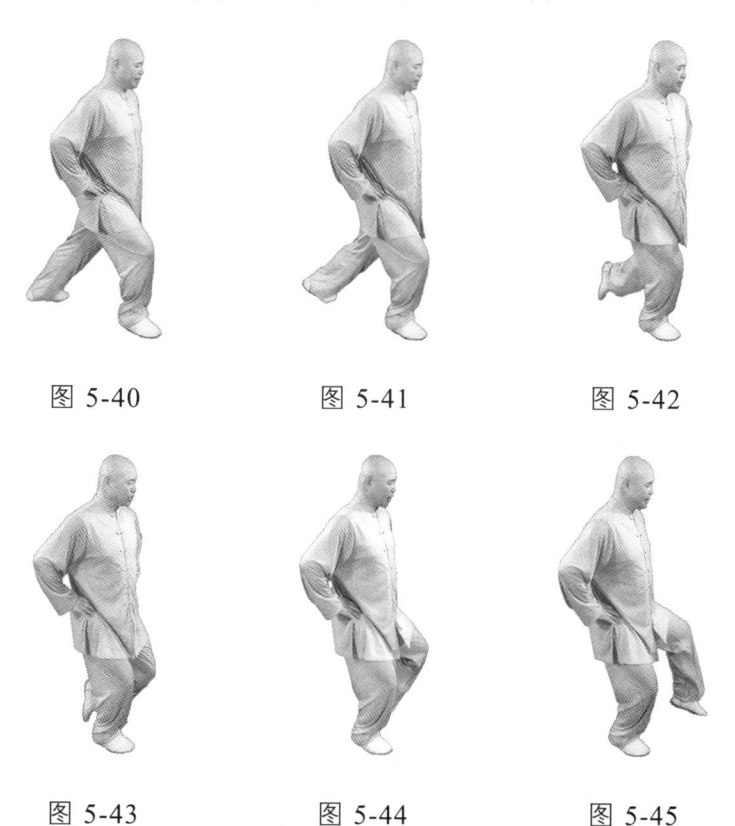

图 5-40　　　　图 5-41　　　　图 5-42

图 5-43　　　　图 5-44　　　　图 5-45

图 5-46　　　　　　　　图 5-47

（20）左脚合正脚尖向前，重心向左脚平移，右腿蹬伸合髋，成左弓步（图 5-47）。

（21）重复练习。

2. 动作要点

"前进步"的动作要点主要包括：

（1）每个分部动作要清晰，勿遗漏。

（2）重心始终处在支撑面以内。尤其是单脚支撑变双脚支撑和双脚支撑变单脚支撑的瞬间。

3. 易犯错误与纠正方法

"前进步"的易犯错误与纠正方法主要包括：

（1）分化步骤不清晰。纠正方法：不求动作连贯，每一分解动作到位后稍停，再做下一分解动作，直至熟练掌握。

（2）虚实分不清楚。纠正方法：关注支撑变化的瞬间，先找支撑，再移重心，反复练习。

4．训练目标

"前进步"的训练目标主要包括：

（1）训练提高前移步能力。

（2）提高下盘功力。

（3）提高腰胯功夫。

后退步

（三）后退步

1．动作步骤

（1）从屈蹲并立步开始（图 5-48），重心完全移向右脚，提左膝，左脚微离地（图 5-49）。

（2）合左胯，左腿后撤（图 5-50）。

（3）左脚落脚尖触地（图 5-51）。

图 5-48 　　图 5-49 　　图 5-50 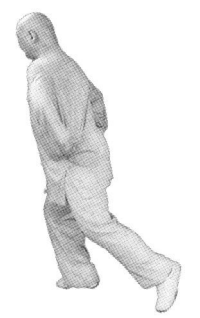　　图 5-51

（4）左胯开，左脚跟内收（图 5-52）。

（5）重心平移至左脚（图 5-53）。

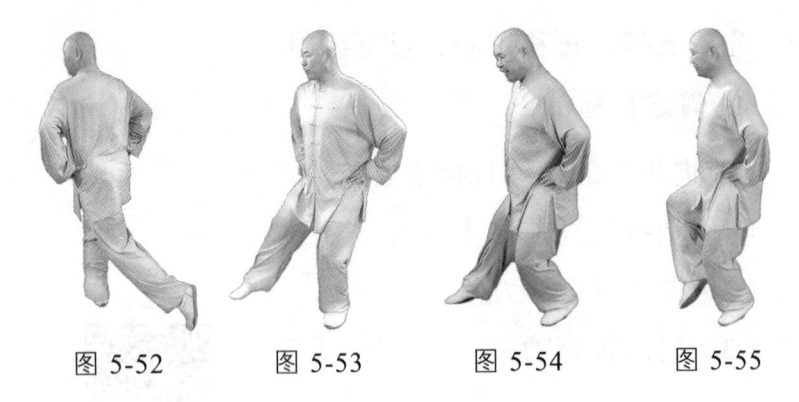

图 5-52　　　　图 5-53　　　　图 5-54　　　　图 5-55

（6）重心完全移至左脚，左髋沉坐，提右膝右脚微离地（图 5-54）。

（7）右髋开（图 5-55）。

（8）右小腿屈，右脚收至左脚内侧（图 5-56）。

（9）合右髋（图 5-57）；右腿后撤（图 5-58）。

（10）右脚落脚尖触地（图 5-59）。

图 5-56　　　　图 5-57　　　　图 5-58　　　　图 5-59

（11）右髋开，右脚跟内收（图 5-60）。

（12）重心平移至右脚（图 5-61）。

图 5-60 　　　　　图 5-61 　　　　　图 5-62

（13）重心完全移至右脚，右髋沉坐，提左膝左脚微离地（图 5-62）。

（14）左髋开（图 5-63）。

（15）左小腿屈，左脚收至右脚内侧（图 5-64）。

（16）合左髋，左腿后撤（图 5-65）。

（17）重复练习。

图 5-63 　　　　　图 5-64 　　　　　图 5-65

2. 动作要点

（1）每个分部动作要清晰，勿遗漏。

（2）重心始终处在支撑面以内。尤其是前脚后撤过程。

3. 易犯错误与纠正方法

（1）分化步骤不清晰。纠正方法：不求动作连贯，每一分解动作到位后稍停，再做下一分解动作，直至熟练掌握。

（2）前脚回撤时拖步。纠正方法：重心回移后要坐髋，前腿髋关节松开，脚跟先提起，再开髋屈小腿。反复练习。

4. 训练目标

训练提高后移步能力，提高下盘功力，提高腰胯功夫。

第二节 济南杨班侯式太极拳的套路训练法

一、以掤劲意识为主的松沉训练法

按照"三层九级"理论，第一层学拳架第一阶段——套路动作学习，一般经历三个阶段：学习动作阶段、规范动作阶段和掌握劲力方法阶段。这三个阶段达标过关后，就要进入一层 2 级，松沉训练阶段，主要包括：

（1）松沉训练法。

套路练习过程是双脚支撑、单脚支撑不断变化的一个往复过程，谨守"身体重心始终处在支撑面以内"重心原则，全身放松，感受身体各部位重力，调节骨关节，寻找骨结构支撑，体会松沉的感觉，俗称"挂肉架"。是一种不惜技术规格上的损失，全身心感受松沉的套路训练方法。

（2）训练方法。

每组5遍，每天练习2~6组。

一般用松沉训练法练习套路累计30~300遍，可以获得对重力、骨结构支撑力的控制能力，也就是获得掤劲控制能力。

二、以形体太极意识为主的两仪训练法

一层2级训练获得掤劲控制能力后，可以认定为通过2级关口，可进入一层3级"参两仪"训练阶段，主要包括：

（1）两仪训练法。

把一层2级的松沉训练法融入潜意识，将"形体太极意识"作为一层3级套路训练的主要意识活动。该阶段训练将意识集中在上下、前后、左右三个维度

的对拉拔长上面。第一步，松沉状态下，意识集中在"虚灵顶劲，气沉丹田"；"松腰圆裆，开胯屈膝"；"沉肩坠肘，手指放长"。寻找身弓、腿弓、臂弓——"身备五张弓"的感觉。第二步，"身备五张弓"的感觉成为常态后，细化两仪意识，寻找每个关节的两仪对拉感觉。第三步，每个关节都能撑开以后，进一步细化两仪意识，尝试体会身体处处都是太极，处处都有两仪分张的感觉。

（2）训练方法。

意识活动按照三步走，循序渐进，每组5遍，每天练习2~6组。

一般用两仪训练法练习套路累计100~1 000遍，可以获得身体处处是太极的两仪控制能力，这也是太极拳入门的标志。

三、以分化意识为主的分化训练法

在一层3级训练中，学员若能掌握"身体处处是太极"的两仪控制能力，即可认定其已通过3级关卡，具备进入二层4级"学招法"训练阶段的资格。"学招法阶段"旨在对套路学习进行深度挖掘和重塑，使之更具实战意义。在此阶段，学员主要学习招法的实战应用含义以及精准施力方法，并掌握招法左右转换的反面动作。为了提高训练效果，本阶段应采用以分化意识为核心的"分化训练法"，主要包括：

（1）分化训练法。

将掤劲意识、太极意识融入潜意识，本阶段以分化意识为主要的意识活动。意识活动重点关注招法动作中的开合、旋转、平移、屈伸等基本运动元素的动力过程，将复杂的人体运动分解为多个简单的运动步骤，使身体各部位更清晰地感知运动过程。从根本上提升运动的合理性与协调性。

（2）训练方法。

正反架套路训练，正面套路练至收势动作的侧掤后，转为反架起势，反架练至收势为1遍，每组5遍，每天练习2~4组。

一般用分化训练法练习套路累计 30~300 遍，可以清晰感知套路运动的动力过程，真正开启太极拳运动奥妙之门。

四、以核心意识为主的核心训练法

在二层4级训练中，若学员能理解套路招法的含义，并能够明确感知招法的动力过程，则可认定其已成功通过4级关卡,具备进入二层5级"明劲理"训练阶段的资格。"明劲理"阶段的核心任务是对套路招法中"掤、捋、挤、按、采、挒、肘、靠"八法劲理的深入理解和感知,并通过寻找核心、意守核心的方法,统领并控制身体在套路运动中正确展现这些劲力特征。本阶段套路训练主要运用以核心意识为主的"核心训练法",主要包括:

(1)核心训练法。

将掤劲意识、太极意识、分化意识融入潜意识,在套路练习中,以核心意识作为主导意识。重点关注身体平衡的核心,以此核心统御全身动作。同时关注力的来源和作用点,清晰感知各种劲法流畅运作的过程。通过身体动作体验"核心静"与"外周动"的动静关系,深入领悟十三势中的"定"——"定"即为核心。

(2)训练方法。

"核心训练法"正反架套路训练,每组5遍,每天练习2~6组。

通常情况下,通过核心训练法练习套路累计30~300遍,便能够实现无须刻意寻求,意念自然跟随、守护核心并支配全身动作的效果。此时,套路演练宛如行云流水般流畅,能达到一种高度和谐的境界。

五、以攻防意识为主的招式训练法

在二层 5 级训练中，若学员能够无须刻意寻求，便能意念自然跟随、守护核心并支配全身动作，使行拳如行云流水，则可认定其已成功通过 5 级关卡，具备进入二层 6 级"懂劲力"训练阶段的资格。"懂劲力"训练阶段，打造学员对劲力的全面认知和运用能力，除了对八法劲等自身劲力的自如运用外，还需要体会与动作运行阻力之间的关系，练出粘黏劲。本阶段套路训练主要采取以攻防意识为主的"招式训练法"，主要包括：

（1）招式训练法。

将掤劲意识、形体太极意识、分化意识、核心意识统统融入潜意识，在套路练习中，以攻防意识作为主导意识，以功能太极意识管控招法运用中的内力、外力和虚实变化规律。套路训练中，"面前无人似有人"，一招一式都臆想与对手相搏，从粘劲接手、引进落空、到化发成功或遇阻的细节变化，运用功能太极意识调控过程中力的变化、虚实变化、攻守变化等。

（2）训练方法。

变化快慢刚柔节奏，正反架套路训练，每组 5 遍，每天练习 2~6 组。

在一般情况下,通过招式训练法进行套路练习,累计 300~3 000 遍,可逐渐掌握粘黏劲,并树立起对招法运用的自信。

附 录

济南班侯门传统套路拳械谱

附录一 六十四式活步大架太极拳拳谱

预备势	13. 白鹤亮翅
1. 击掌问佛	14. 海底针
2. 活步揽雀尾	15. 扇通臂
3. 单鞭	16. 撇身捶
4. 提手上势	17. 上步搬拦捶
5. 白鹤亮翅	18. 活步揽雀尾
6. 搂膝上步搬拦捶	19. 单鞭
7. 如封似闭	20. 云手
8. 抱虎归山	21. 单鞭
9. 肘底看捶	22. 高探马
10. 倒卷肱	23. 左右分脚
11. 斜飞势	24. 转身左蹬脚
12. 左右提手	25. 风摆荷叶

续表

26. 进步指裆捶	46. 斜飞势
27. 翻身二起脚	47. 提手上势
28. 活步揽雀尾	48. 白鹤亮翅
29. 转身左蹬脚	49. 海底针
30. 转身右蹬脚	50. 扇通臂
31. 上步搬拦捶	51. 活步揽雀尾
32. 上步如封似闭	52. 单鞭
33. 抱虎归山	53. 云手
34. 撇身捶	54. 单鞭
35. 斜单鞭	55. 高探马
36. 野马分鬃（趟泥步）	56. 摆莲脚进步栽捶
37. 活步揽雀尾	57. 活步揽雀尾
38. 单鞭	58. 单鞭下势
39. 四角玉女穿梭	59. 上步七星
40. 活步揽雀尾	60. 退步跨虎
41. 单鞭	61. 斜身扭月摆莲脚
42. 云手	62. 弯弓射虎
43. 单鞭下势	63. 活步揽雀尾
44. 金鸡独立	64. 击掌问佛
45. 倒卷肱	收势

附录二 六十四式太极剑剑谱
（俗称"复杂剑"）

预备势	19. 海底捞月
1. 揽雀尾	20. 怀中抱月
2. 童子指路	21. 宿鸟投林
3. 三环套月	22. 乌龙摆尾
4. 大魁星	23. 青龙出水
5. 燕子抄水	24. 风卷荷叶
6. 游龙摆尾	25. 狮子摇头
7. 小魁星	26. 风摆荷叶
8. 燕子入巢	27. 白虎洗脸虎抱头
9. 灵猫扑鼠	28. 野马跳涧
10. 蜻蜓点水	29. 返身勒马
11. 黄蜂入洞	30. 上步指南针
12. 大鹏展翅	31. 迎风掸尘
13. 左旋风小魁星	32. 顺水推舟
14. 燕子入巢	33. 天马行空
15. 右旋风海底捞月	34. 乌龙投江
16. 左等鱼势	35. 翻身照镜
17. 拨草寻蛇	36. 流星赶月
18. 右等鱼势	37. 古树盘根

续表

38. 凤凰点头	52. 大鹏单展翅
39. 魁星提斗	53. 左右跨栏
40. 巧女纫针	54. 左右落花
41. 怪蟒翻身	55. 玉女穿梭
42. 挑帘式	56. 白虎洗脸虎抱头
43. 车轮剑	57. 鲤鱼跳龙门
44. 白蛇吐信	58. 乌龙绞柱
45. 凤凰单展翅	59. 怀中抱月
46. 海底捞月	60. 风扫梅花
47. 怀中抱月	61. 白虎洗脸虎抱头
48. 探海势	62. 上步指南针
49. 犀牛望月	63. 卧虎收尾
50. 射雁势	64. 飞凤还巢
51. 白猿献果	收势

附录三 六十四式太极枪枪谱

预备	20. 蛟龙摆头
1. 击掌问佛	21. 拨云见日
2. 玉柱擎天	22. 关公挑袍
3. 蛟龙摆头	23. 蛟龙摆头
4. 摇头摆尾	24. 龙飞凤舞
5. 青龙出洞	25. 老僧撞钟
6. 雁落沙滩	26. 蟒蛇过岗
7. 怪蟒翻身	27. 走马观花
8. 雲雾缭绕	28. 猛虎回头
9. 苍龙入海	29. 青龙出洞
10. 黄龙吸水	30. 蛟龙摆头
11. 青龙出洞	31. 拨草寻蛇
12. 苍龙回首	32. 青龙出洞
13. 龙飞凤舞	33. 力劈华山
14. 泰山压顶	34. 金花落地
15. 白猿献果	35. 老僧撞钟
16. 冬蛇返青	36. 矫猿攀登
17. 巧女纫针	37. 金猴窃丹
18. 黄龙吸水	38. 乌龙仆地
19. 青龙出洞	39. 喜鹊登枝

续表

40. 二郎担山	53. 怪蟒翻身
41. 流星赶月	54. 云雾缭绕
42. 蛟龙摆头	55. 苍龙入海
43. 关公挑袍	56. 流星赶月
44. 巧女纫针	57. 泰山压顶
45. 凤凰点头	58. 霸王举鼎
46. 蛟龙摆头	59. 蛟龙行云
47. 顺风打旗	60. 乌龙仆地
48. 金蛇狂舞	61. 巧女纫针
49. 天女散花	62. 凤凰点头
50. 雁落沙滩	63. 蛟龙摆头
51. 青龙出洞	64. 击掌问佛
52. 雁落沙滩	收势归原

附录四　六十四式太极棍棍谱

1. 预备式	24. 雁落沙滩
2. 击掌问佛	25. 青龙出水
3. 老僧撞钟	26. 猛虎回头
4. 摇山晃海	27. 乘风破浪
5. 狸猫扑蝶	28. 苏秦背剑
6. 金刚撞钟	29. 双手擎天
7. 当头棒喝	30. 金钢撞钟
8. 力压千金	31. 雪花盖顶
9. 拨云见日	32. 回头勒马
10. 回马插花	33. 回马插花
11. 魁星提斗	34. 玉女送书
12. 童子抱琴	35. 金刚撞钟
13. 横扫千军	36. 童子送书
14. 怀中抱月	37. 拨云见日
15. 风扫梅花	38. 破门通心
16. 顺风扫月	39. 黑虎掏心
17. 风卷残云	40. 泰山压顶
18. 雷公盖顶	41. 乘风破浪
19. 霸王举鼎	42. 雷公盖顶
20. 力压千金	43. 风卷大地
21. 乘风破浪	44. 关公托刀
22. 雷公盖顶	45. 拨云见日
23. 拨云见日	46. 猛虎下山

续表

47. 青龙搅水	56. 白蛇吐信
48. 金刚撞钟	57. 蛟龙摆头
49. 右旋风飞龙	58. 顺风扫月
50. 仙鹤展翅	59. 猛虎回头
51. 顺风扫月	60. 左翻花舞袖
52. 左旋风飞龙	61. 右翻花舞袖
53. 白虎摆尾	62. 风卷残云
54. 乌龙摆尾	63. 击掌问佛
55. 青龙出水	64. 收势归原

附录五　四十八式太极刀刀谱

1. 预备	20. 乘风破浪
2. 揽雀尾	21. 海底捞月
3. 迎风拦扫	22. 白蛇吐信
4. 白蛇吐信	23. 盘龙势
5. 勒马转峰	24. 乌龙摆尾
6. 左右落花	25. 青龙出水
7. 云龙吸水	26. 鹞子翻身
8. 猛虎回头	27. 霸王托刀
9. 回马提铃	28. 迎风斩脖
10. 猛虎回头	29. 白蛇吐信
11. 风卷大地	30. 勒马转峰
12. 迎风斩脖	31. 玉女送书
13. 怪蟒翻身	32. 怀中抱月
14. 青龙出洞	33. 玉柱擎天
15. 海底捞月	34. 青龙出洞
16. 白蛇吐信	35. 旋风飞刺
17. 白虎摆尾	36. 闪展看刀
18. 顺水推舟	37. 迎风斩脖
19. 玉女扑蝶	38. 怪蟒翻身

续表

39. 青龙出洞	44. 风扫梅花
40. 海底捞月	45. 白猿献果
41. 白蛇吐信	46. 顺风扫月
42. 饿虎回头	47. 击掌问佛
43. 推窗望月	48. 收势归原

附录六 四十六式太极剑剑谱

预备势	
1. 起势	19. 白虎抱头
2. 童子指路	20. 野马跳涧
3. 三环套月	21. 左旋风小奎星
4. 大魁星	22. 右旋风白虎甩尾
5. 燕子抄水	23. 射雁势
6. 游龙摆尾	24. 白猿献果
7. 车轮剑	25. 大鹏展翅
8. 怀中抱月	26. 左右跨拦
9. 宿鸟投林	27. 左右落花
10. 乌龙摆尾	28. 玉女穿梭
11. 青龙出水	29. 白虎洗脸虎抱头
12. 风卷荷叶	30. 鱼跳龙门
13. 狮子摇头	31. 乌龙绞柱
14. 蜻蜓点水	32. 上步托月
15. 乌龙摆尾	33. 顺风扫月
16. 青龙出水	34. 古树盘根
17. 燕子入巢	35. 凤凰点头
18. 风摆荷叶	36. 奎星提斗

续表

37. 黄蜂入洞	42. 风扫梅花
38. 大鹏展翅	43. 白虎洗脸虎抱头
39. 秦王抱剑	44. 上步指南针
40. 白蛇出洞	45. 卧虎收尾
41. 犀牛望月	46. 飞凤还巢

附录七　太极十三剑剑谱

1. 预备势	21. 犀牛望月
2. 起势	22. 转身霸王举鼎
3. 牧童指路	23. 瓶花落地
4. 白蛇出洞	24. 铁牛耕地
5. 霸王举鼎	25. 追风三剑
6. 瓶花落地	26. 灵猫扑鼠
7. 倒拽耕犁	27. 蜻蜓点水
8. 魁星式	28. 撤步打虎
9. 斜步插花	29. 铁牛耕地
10. 翻花舞袖	31. 左右落花
11. 白蛇吐信	32. 犀牛望月
12. 魁星提斗	33. 月下幻影
13. 魁星式	34. 犀牛望月
14. 回头望月	35. 月下幻影
15. 金龙探爪	36. 玉带围腰
16. 斜步插花	37. 脚前打蛇
17. 翻花舞袖	38. 狮子大张嘴
18. 秦王挎剑	39. 狸猫扑蝶
19. 狸猫扑蝶	40. 加鞭打马
20. 指天划地	41. 猿猴入洞

续表

42. 大鹏展翅	56. 白蛇吐信
43. 乌龙摆尾	57. 猛虎翻身
44. 狮子大张嘴	58. 迎风扫月
45. 游龙吸水	59. 魁星式
46. 夜叉探海	60. 白虎回头
47. 蜻蜓点水	61. 倒量二步
48. 撤步打虎	62. 力劈华山
49. 铁牛耕地	63. 里截外剪
50. 闪展看剑	64. 魁星式
51. 等鱼式	65. 斜步插花
52. 拨帘望月	66. 卧看巧云
53. 顺风扫月	67. 乌龙摆尾
54. 进步打旗	68. 摇山晃海
55. 狸猫扑蝶	69. 飞燕归巢

附录八　太极双剑剑谱

1. 预备	21. 玉女送书
2. 怀中抱月	22. 浪子踢球
3. 仙人指路	23. 玉圣朝天
4. 仙人指路	24. 力劈华山
5. 童子抱琴	25. 仙人舞剑
6. 苏秦背剑	26. 犀牛望月
7. 双龙归洞	27. 霸王举鼎
8. 双龙出洞	28. 雷雨风行
9. 双龙出洞	29. 横扫千军
10. 风扫落叶	30. 悬崖勒马
11. 风扫落叶	31. 抽梁换柱
12. 双龙出洞	32. 回马观花
13. 大魁星	33. 风卷杨柳
14. 回头望月	34. 风卷杨柳
15. 回头望月	35. 风摆荷叶
16. 金龙探爪	36. 猛虎回头
17. 风动浮萍	37. 双龙戏珠
18. 孤雁出群	38. 金龙现身
19. 童子送书	39. 倒劈华山
20. 怒马回头	40. 大魁星

续表

41. 鹞子穿林	51. 双龙探爪
42. 玉女送书	52. 怪蟒翻身
43. 拨云见日	53. 龙飞凤舞
44. 凤凰展翅	54. 顺风打旗
45. 拨草寻蛇	55. 瓶花落地
46. 回马观花	56. 童子抱琴
47. 青龙出水	57. 天官指星
48. 风卷残云	58. 指天按地
49. 风卷残云	59. 卧佛起身
50. 猛虎回头	60. 太极归原

附录九 武当太极对剑剑谱

上手	下手
1. 预备式	1. 预备式
2. 青龙出水	2. 青龙出水
3. 玉女送书	3. 玉女送书
4. 扫径寻梅	4. 扫径寻梅
5. 力劈华山	5. 力劈华山
6. 叶底偷桃	6. 叶底偷桃
7. 垂钓寒江	7. 垂钓寒江
8. 策马旋踵	8. 策马旋踵
9. 推窗望月	9. 推窗望月
10. 雁落沙滩	10. 天边挂月
11. 叶底偷桃	11. 垂钓寒江
12. 垂钓寒江	12. 力劈华山
13. 力劈华山	13. 白蛇吐信
14. 拨云见日	14. 拨云见日
15. 风卷残叶	15. 风卷残叶
16. 倒拉金鞭	16. 倒拉金鞭
17. 泰山压顶	17. 叶底偷桃
18. 垂钓寒江	18. 金龙出水

续表

上手	下手
19. 孤雁出群	19. 风卷残叶
20. 小魁星	20. 小魁星
21. 玉女投壶	21. 怀中抱月
22. 猛虎回头	22. 青龙出水
23. 金龙缩身	23. 金龙缩身
24. 许仙登舟	24. 许仙登舟
25. 叶底偷桃	25. 大鹏展翅
26. 大鹏展翅	26. 大鹏展翅
27. 翻江倒海	27. 海底捞月
28. 孤雁出群	28. 回马反撩(二次)
29. 金翅抹云	29. 金翅抹云
30. 黄龙闹海	30. 黄龙闹海(二次)
31. 左右横抹	31. 左右横抹
32. 叶底寻花	32. 叶底寻花(二次)
33. 拦腰斩	33. 拦腰斩
34. 凤凰点头	34. 凤凰点头
35. 金丝缠腕	35. 金丝缠腕
36. 横扫千军	36. 横扫千军
37. 猛虎搅尾	37. 泰山盖顶
38. 风扫梅花	38. 苍龙翘首

续表

上手	下手
39. 天边挂月	39. 天边挂月
40. 垂钓寒江	40. 垂钓寒江
41. 退步犀牛望月	41. 进步夜叉探海
42. 抱犊归谷	42. 玉女投壶
43. 乌龙摆尾	43. 金龙落花
44. 雁落沙滩	44. 野马跳涧
45. 回身大劈	45. 叶底偷桃
46. 怀中抱月	46. 玉女投壶
47. 黄龙闹海	47. 黄龙闹海
48. 横扫千军	48. 海底捞月
49. 天边挂月	49. 天边挂月
50. 速风扫步	50. 归原

参考文献

[1] 房俊善. 杨班侯式太极拳[M]. 北京：中国国际广播出版社，2009.

[2] 国家体育总局武术研究院. 中国武术段位制系列教程·杨式太极拳[M]. 北京：高等教育出版社，2011.

[3] 张立斌. 太极拳传统文化内核的阐释——肢体语言的视角[J]. 神州，2017（29）：10-13.

[4]《科学与人》杂志社. 中华武林英豪谱[M]. 武汉：武汉大学出版社，1984.